WordPress & Divi

ANLEITUNGEN, TIPPS UND MEHR...
ÜBER DEN TELLERRAND GESCHAUT!

Anleitungen und viele Tipps
zur Erstellung einer professionellen Webseite
OHNE Programmierkenntnisse.

Mit vielen Hinweisen zum Thema SEO,
Provider, Plugins und Sicherheit.

Speziell für Deutschland!
(Individuelle Tipps und Links
zu deutschen Seiten & Providern)

Von Tim Rautenberg
Drucktechniker • Betriebswirt (HWK) • Ausbilder
der graf. Branche • Grafik- & Webdesigner (DTP-Akademie)
www.webdesign-crossmedia.de | www.diebilderstube.de

Vorwort

Warum gibt es dieses Buch?

Von der Pike auf gelernt (1986 Druckerlehre), Studium Drucktechnik, Qualifikation als Ausbilder der grafischen Branche, Abschluss als Betriebswirt HWK sowie die Abschlüsse Grafikdesigner DTP und Webdesigner DTP mit über 20 Jahren Erfahrung in Werbeagenturen und bei Großkunden in den Bereichen Marketing und Vertrieb.

Mit diesem Wissen ging ich im Jahr 2010 mit einer kleinen Werbeagentur in die Selbstständigkeit; frei nach dem Motto "**Standardisierte Qualität zu günstigen Preisen**". Innerhalb weniger Jahre durfte ich so für knapp 600 Kunden Marketingkonzepte entwickeln, Websites erstellen und Drucksachen entwerfen und produzieren lassen.

Die ersten Homepages schrieb ich schon 2005 in HTML und CSS per Hand, 2010 begann ich mit den CM Systemen Typo3 & Contao an. Schon 2011 nahm der Marktanteil von WordPress stark zu und ich wechselte 2012 komplett zu WordPress, da dieses System viel einfacher zu bedienen ist als andere Open Source Produkte. Nach anfänglichen Versuchen mit freien Themes, ging ich schon 2012 eine Kooperation mit Elegant Themes ein.

2013 wurde "Divi" von Elegant Themes entwickelt, welches ich seitdem als Haupt-Theme für WordPress- Installationen nutze.

Divi wurde seitdem kontinuierlich weiterentwickelt und hat sich zu einem der meist genutzten Theme-Builder-Systeme weltweit entwickelt. Das sehr schnelle Arbeiten wie auch das einfache Handling für meine Kunden die Ihre Websites selbst pflegen macht das Paket WordPress & Divi so attraktiv. Seit 2016 gebe ich Schulungen für Einzelpersonen und kleine Gruppen basierend auf dieser Kombination.

In diesem Buch leite ich interessierte Leser an vom Vorhaben über die Planung und Umsetzung bis zur Veröffentlichung einer Webseite, ohne auf Programmierkenntnisse zu setzen. Wichtig ist, von Anfang an Fehler, so weit wie möglich, zu vermeiden. Vom Domainnamen über den passenden Provider, den Aufbau der Website analog der Google SEO-Richtlinien bis zur Verifizierung der Website bei Google und darüber hinaus.

Viel Spaß beim Lesen bzw. Ausprobieren.
Tim Rautenberg

Impressum

Bibliografische Information der Deutschen Nationalbibliothek: Die
Deutsche Nationalbibliothek verzeichnet diese Publikation in der
Deutschen Nationalbibliografie; detaillierte bibliografische Daten sind
im Internet über dnb.dnb.de abrufbar.

© 2021, Tim Rautenberg
Gestaltung: www.diebilderstube.de
Herstellung und Verlag: BoD – Books on Demand,
Norderstedt
ISBN: 9783754306789

INHALTSVERZEICHNIS

Dieses Buch basiert auf über 30 Jahren Erfahrung im grafischen Gewerbe / Marketing / Webdesign.

Es sollte als grobe Anleitung oder Leitfaden gesehen werden. Da sich im Netz die Regeln sehr schnell ändern, kann es sein, dass in Zukunft der eine oder andere Punkt überholt ist.

Über konstruktive Kritik sowie über Verbesserungsvorschläge freue ich mich:
info@webdesign-crossmedia.de

WICHTIGE BEGRIFFE
ZUM NACHSCHLAGEN

Grundsätzlich versuche ich Fremdwörter zu vermeiden und mich auf die deutsche Sprache zu konzentrieren. Oft ist dies kontraproduktiv da viele Begriffe ohne das „Fremdwort" nicht gefunden werden können bzw. mit den übersetzten Wörtern keiner etwas anfangen kann. Daher hier die häufigsten, nicht alltäglichen Begriffe in der Übersicht:

Bildformat: JPG
Genormte Bildkompression. Das meist verwendete Bildformat für Websites ohne Transparenz.
Bildformat: PNG
Standard Bildformat für
transparente Bilder.
Favicon
Das kleine Piktogramm oben
im Browserreiter.
Backend
Die Bearbeitungsmaske im Browser
mit den Einstellungsmöglichkeiten für WordPress.
Frontend
Die Browser-Seite mit der Darstellung der Website /
Homepage.
Homepage
Viele verstehen heute unter der Homepage den gesamten Webauftritt. Korrekt bezeichnet es jedoch nur die Startseite.

Plugin

Ein Zusatzprogramm für WordPress welches spezielle Funktionen bietet die sonst nicht vorhanden sind.

Theme

Bei WordPress stellt man ein Theme ein, das grundsätzliche grafische und funktionelle Eigenschaften bietet.

Font

Schrift. Im Web arbeitet man in Pixelgröße (px) und meistens mit websicheren Schriften oder oft mit den kostenlosen Google-Fonts.

Keyword

Übersetzt "Schlüsselwort". Schlüsselwörter sind die wichtigen Begriffe, nach denen eine Website indexiert wird. Hier gibt es Regeln, nach denen man handeln sollte. Die Google SEO PDF.

Provider

Das "Parkhaus zum Mieten" einer Domain (Internet-Adresse).

Ranking

Platzierung der Website in der Suchmaschine z.B. bei Google auf der ersten Seite.

ÜBER WORDPRESS

HINTERGRUNDWISSEN

WordPress ist eine Open-Source-Programmierung (frei & kostenlos im Netz verfügbar) und gilt als das erfolgreichste CM-System der Welt (CMS bedeutet Content Management System, also eine Programmierung, welche man ohne große Mühe mit Inhalten füllen kann), entwickelt 2001-2004 als einfaches Blog-System von Michel Valdrighi und Matthew Mullenweg.

Der Erfolg dieses einfachen und flexiblen Systems führte zu kontinuierlichen Erweiterungen um komplexe Websites und sogar Shop-Systeme zu erstellen.

Durch das offene System bieten mittlerweile tausende Programmierer weltweit Zusatzprogramme und Layouts in Form von Plugins und Themes an.
Stand 2021 (gem. W3techs) basieren 64,4 % aller CMS basierten Websites auf WordPress. Das entspricht einem Anteil von über 40% aller Websites im Internet!

wordpress.org

ELEGANT THEMES & DIVI
HINTERGRUNDWISSEN

Das US-amerikanische Unternehmen um Nick Roach entwickelt seit 2008 Themes für WordPress. Die Firma hat sich zu einem Branchenführer mit Mitarbeitern in über 20 Ländern entwickelt. Durch das 2013 erschienene Theme "Divi"

elegantthemes.com/join/

mit dem internen Page-Builder ist der Durchbruch gelungen. Divi zählt heute zu den erfolgreichsten und beliebtesten Themes.

Das Theme gehört leider nicht zu den kostenlosen WordPress-Bereichen. Mit aktuell 89 $ / Jahr bzw. 248 $ ist es auch nicht günstig, sollte ein Einzelnutzer dies kaufen; für Agenturen hingegen ein Segen, da mit der Lifetime-Nutzung Websites für beliebig viele Kunden erstellt werden können.

Mit Divi sind responsive Websites (also Webseiten, die sich der Bildschirmauflösung des Endgeräts anpassen) einfach umzusetzen. Der Vorteil: Änderungen müssen nur einmal in ein zB. Textfenster eingegeben werden. Via leichter Auswahl, Drag & Drop bzw. Eingaben in Feldern lassen sich komplexe Seiten erstellen. Eine riesige Auswahl an vorgefertigten Vorlagen helfen Websites in 1-2 Tagen zu erstellen.

Durch die kontinuierliche Weiterentwicklung stehen zahlreiche Schulungsvideos bei YouTube zur Verfügung.

Die Domain
SEO im Hinterkopf

Jede vollständige Webadresse (Domain) ist einzigartig. Sie besteht aus 3 Teilen.

1. Bereich Third-Level: meist ist dies ein „www" für WorldWideWeb. Dieser Bereich wird auch oft genutzt, um eine Sub-Domain zu erstellen. ZB.: testwebsite.name.de. Wenn diese vom Suchmaschinen-Index ausgeschlossen wird, kann man hier prima Websites entwickeln.

2. Die Second-Level-Domain: Dies ist in Kombination mit der Top-Level-Domain das, was man bei einem Provider „mieten" kann. Dieser Hauptteil sollte folgende Kriterien erfüllen:
   - Kurz und einprägsam
   - Das bzw. die wichtigsten Schlagwörter beinhalten

Warum? Da dieser Bereich bereits von den Suchmaschinen (in Deutschland in der Regel Google) als Keyword-relevant betrachtet wird.

3. Die Third-Level-Domain oder auch Top-Level genannt ist die Ländernennung. In Deutschland benutzt man gewöhnlich die ".de-Adresse" oder die ".com Adresse" (.com für commercial und war ursprünglich für die US-amerikanischen Unternehmen vorgesehen). Seit einigen Jahren gibt es viele neue Top-Level-Domains, wie .info, .eu oder .org.

Beispiel: Bäcker Müller aus Koblenz sucht nach einer guten Domain für Seine Bäckerei. Er sucht im Internet nach einer freien Domain, zB. über United Domains.

united-domains.de

Schnell merkt er, dass alle tollen Namen mit .de nicht mehr verfügbar sind.

Nach ein paar Minuten hat er folgende Alternativen: **bäckerei-koblenz.de** wäre noch frei, beinhaltet aber einen Umlaut. Google kommt damit zurecht, da es aber eine rein deutsche Sonderregel ist, wäre eine andere Alternative ggf. besser.

backstube-koblenz.de ist auch noch frei und hat keinen Umlaut. Dies könnte so auch von ausländischen Besuchern eingegeben werden.

Da die Domain in der Regel auch für Email-Adressen genutzt wird macht eine kurze Domain Sinn. Hier könnte man auf eine Abkürzung oder nicht deutsche TOP-Level-Domain setzen:

ZB die Top-Level Domain von Belgien. **backstu.be**

Wie auch immer man sich entscheidet, es sollte wohlüberlegt sein, da ein Wechsel nach ein paar Jahren, ohne sehr aufwendige Umleitungen, zu einem Ranking Verlust der Website führen würde.

PROVIDER

Zuerst Folgendes: Ich bin unabhängig und werde von keinem Provider für Vermittlungen bezahlt. Die folgenden Tipps beruhen auf den Erfahrungen der letzten Jahre, die ich mit über 35 Providern gemacht habe. Ich werde im Folgenden auch nur meine Favoriten aufzählen.

Wichtig: Ein Domain-Umzug zu einem neuen Provider mit der Website inkl. Datenbank ist immer aufwendig und kostet Zeit und Geld. Erst informieren, dann Vertrag abschließen!

Teure und extrem schnelle Provider:
Für Shops, sehr große Websites und Projekte, bei denen im Vorfeld klar ist, dass diese sehr hohe Besucherzahlen generieren werden.

raidboxes.io

Raidboxes: Paket "Fully Managed" für 30 € / Monat (Bei kleinen Projekten mit wenigen Plugins würde ich das Starter-Paket nutzen bzw. auf einen günstigeren Provider setzen.)

hostpress.de

Hostpress: Bei kleinen Projekten empfehle ich das Starter-Paket für 25 € im Monat, bei Shops das Pro-Paket für 59,- € im Monat.

Gut und günstig:
Die Lösung für ca. 95% aller Websites. Wichtig ist, langfristig die Fixkosten zu betrachten.

All-Inkl.com: Geschwindigkeit OK, guter Telefon-Support und günstige Preise. Paket ab PrivatPlus für 7,95 €/ Monat mit 5 Domains. **Achtung:** Das kleinste Paket hat kein SSL Let´s Encrypt Zertifikat dabei. Dies müsste zusätzlich erworben werden. Das Backend ist ein wenig gewöhnungsbedürftig, da es in die 2 Bereiche "Member" und "KAS" aufgeteilt ist.

all-inkl.com

Webgo: Ist etwas teurer als "All-Inkl" aber ansonsten vergleichbarer Service und ähnliche Geschwindigkeit. Ich persönlich finde die Verwaltung komplizierter als bei "All-Inkl" aber die Oberfläche ist um einiges schöner.

webgo.de

IONOS: Tochter-Unternehmen des 1&1-Imperiums. Hat man nur eine Domain, ist dies eines der einfachsten und günstigsten Pakete: das Essential Paket für 4 € / Monat. Achtung: Der Support ist oft nur mit längerer Wartezeit zu erreichen und nicht immer hilfreich. Dafür bietet das Control-Center viele weitreichende, aber teure Marketing-Möglichkeiten, wie ListLocal oder Google Ads.

ionos.de

Es gibt noch viele weitere Provider, mit denen ich oft arbeite. Extrem ärgerlich sind kleine Unternehmen mit Open-Source-Lösungen oder Plesk Plattformen, die sich sehr schwer tun, PHP-Versionen aktuell zu halten bzw. die Sicherheitsvorkehrungen zu hoch ansetzen.

WORDPRESS INSTALLIEREN
EINFACH ODER KOMPLIZIERT?

Jeder der vorgestellten Provider bietet eine **1-Klick Installation** an. Diese WordPress-Installation legt selbstständig einen Pfad (ein Festplattenverzeichnis) und eine Datenbank an.

Zum Verständnis: WordPress liegt in einem Ordner beim Provider, der einer Domain zugeordnet ist. Theme und Plugins sind ebenfalls in diesen Ordnern enthalten. Eine Datenbank (sieht grob aus, wie viele Excel-Tabellen) ist mit der Installation verknüpft. Nur mit dieser Datenbank ist eine WordPress Website möglich.

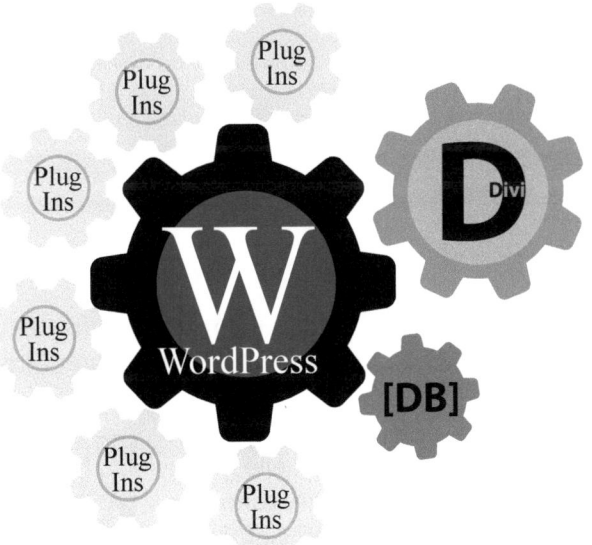

Bei der 1-Klick-Installation folgen Sie einfach den Anweisungen auf dem Bildschirm.

WordPress, in der ausgelieferten Version, ohne vordefinierte Plugins, zu installieren, ist ein wenig komplizierter.

Am besten gehen Sie folgendermaßen vor:
Laden Sie ein FTP Programm (z.B. FileZilla) kostenlos aus dem Netz. Erstellen Sie bei Ihrem Provider einen FTP Zugang und notieren Sie sich folgende Daten: **Server, Benutzer, Passwort, Transfer Protokoll und Port.**

filezilla-project.org

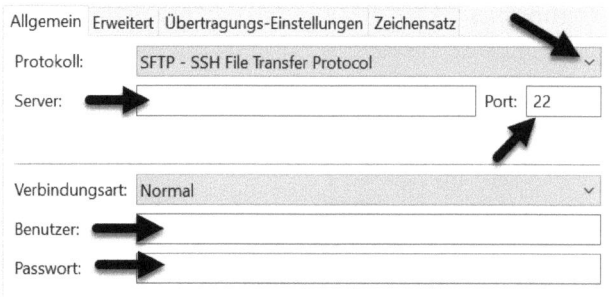

Diese Daten tragen Sie in einem neuen Servereintrag bei File-Zilla oder einem vergleichbaren Programm ein.

de.wordpress.org

Dann laden Sie die aktuelle Word-Press-Version unter de.wordpress. org/download/ herunter. Ggf. benötigen Sie jetzt noch ein Programm,

um den gepackten Ordner zu „entzippen". Hier eignet sich das kostenlose 7-ZIP hervorragend.

Sind Sie im FTP-Programm eingeloggt, erstellen Sie einen Ordner (am besten mit dem Namen der Domain) auf Ihrem Provider-Server und legen Sie alle WordPress Daten in diesen Ordner (Drag & Drop funktioniert bei FileZilla sehr gut).

Anschließend loggen Sie sich bei Ihrem Provider ein.

Zuerst gehen Sie zu Ihren Domain-Einstellungen und verknüpfen Ihre Domain mit dem eben erstellten Ordner mit den WordPress Dateien.

Am besten gleich auch noch ein SSL-Zertifikat einbinden. In der Regel finden Sie diese Einstellungen im Domain-Bereich. Bei einigen Providern muss man hier leider in einen speziellen Bereich wechseln. Oft kosten SSL-Zertifikate 1,00 Euro bis 10,00 Euro pro Monat. Manche Provider nutzen das kostenlose SSL Zertifikat von Let´sEncrypt. Für fast alle gängigen Websites reicht dieses in der Regel aus.

Nun noch eine Datenbank anlegen: Hier einfach auf die Verlinkung „neue Datenbank anlegen" klicken, nachvollziehbaren Namen wie Datum und Zweck (Name der Domain) vergeben und speichern. **Dann noch den Server, Benutzer, Datenbank Name und Passwort notieren.**

Nun können Sie die WordPress-Website aktivieren,

in dem Sie Ihre Domain aufrufen. Es sollte folgende Maske zu sehen sein:

Bitte alle notwendigen Daten eintragen und via wp-admin ins System einloggen.

Q   domainname.de/wp-admin

INSTALLIEREN VON DIVI UND DEN ERSTEN PLUGINS

WAS BRAUCHT MAN WIRKLICH?

Ist WordPress bei Ihrem Provider installiert, gelangen Sie unter folgender URL zur Login-Seite "Domainname.de/wp-admin" ("de" kann mit Ihrer First-Level-Domain-Endung beliebig getauscht werden) Anschließend gelangen Sie zu Ihrer Login-Seite. Diese sieht wie folgt aus:

Sicherheit: WordPress ist das meist genutzte CMS der Welt. Daher ist es auch das am häufigsten angegriffene CM-System. Bitte beachten Sie, dass die Kombination aus Nutzername und Passwort sicher sein sollte. Also bitte **nicht den Benutzername „admin" wählen** und als Passwort min. 12 Zeichen und eine Kombination aus Zahlen, Ziffern und Sonderzeichen wählen.

Website im Aufbau

de.wordpress.org/plugins/coming-soon/

Damit nicht jeder sieht, wie Ihre Website entsteht, installieren Sie als allererstes ein "Maintenance Plugin". Das am meisten genutzte (und in der Grundfunktion kostenlose) Plugin heißt "SeedProd".

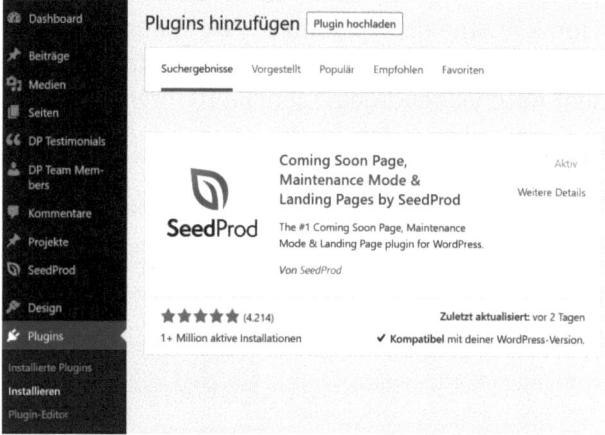

Sie können auch ein vergleichbares Plugin wie "Maintenance", "WP Maintenance" wählen oder eine eigene „Website in Bearbeitung-Seite" erstellen.

Der hier dargestellte Weg ist einfach und in wenigen Minuten erledigt.

Gehen Sie im linken Navigationsbaum auf Plugins/ Installieren. Anschließend im rechten Suchfeld z.B. "Seedprod" eingeben, dann das gewünschte Plugin auswählen und auf „jetzt installieren" drücken. Anschließend noch den Button "Aktivieren" auswählen.

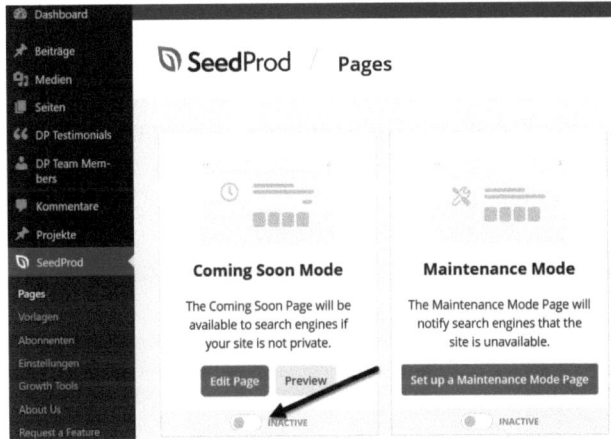

Seitlich in der Leiste gibt es jetzt den Punkt "Seed-Prod". Diesen anklicken, dann von INACTIVE auf ACTIV schalten, kurz warten und auf den Button "Edit Page2 klicken. Jetzt nur noch oben rechts auf "SAVE" klicken und die Seite ist für Besucher im Aufbau-Vorschau-Modus.

Coming Soon

Get ready, something cool is coming!

Text kann natürlich beliebig geändert werden.

Installieren von Divi

Sie haben noch kein Divi Theme? Dann suchen Sie doch mal im Netz nach „Rabatt-Aktion Divi". Auf diversen Seiten erhalten Sie Links zu Elegant Themes mit einer 20% Rabatt Möglichkeit. So sparen Sie schnell bis zu 50,- Euro.

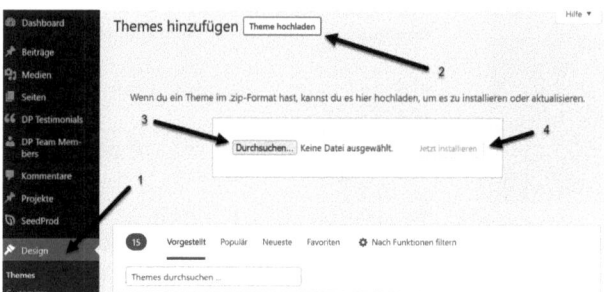

Zur Installation von Divi gehen Sie folgendermaßen vor:

- Linke Leiste: Design
- Oben auf Theme hinzufügen
- Dann oben auf Theme hochladen
- Divi-ZIP Datei auswählen
- „Jetzt installieren" drücken
- Dann „Aktivieren" drücken
- Alle anderen Themes (bis auf das letzte WP Theme – aktuelle Jahreszahl z.B Twenty Twenty.One - deinstalieren), so dass nur noch 2 Themes vorhanden sind

Registrieren des Divi Themes
bei Elegant Themes

Damit Sie unkompliziert Zugriff auf alle Divi-Updates haben (oft mehrmals die Woche), muss das Theme mit Elegant Themes verbunden werden.

Dies erfolgt für die Eingabe eines Benutzernamens und einer API Nummer. Diese finden Sie in Ihrem Mitgliederbereich unter:

Benutzername & API Schlüssel.

Unter "Divi / Aktualisierungen" beide Angaben eintragen und auf „Änderungen speichern" klicken.

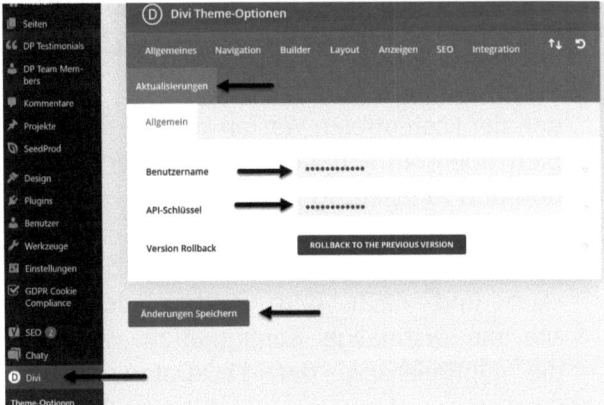

Kostenfreie (abgespeckte) Plugins die ich empfehle:

- **Yoast Duplicate Post:** de.wordpress.org/plugins/duplicate-post/
Dieses Plugin (zur In-
stallation bitte analog *Mainte-*
nance SeedProd Seite 20 vorgehen) ermöglicht das einfache
Kopieren von Seiten und Bei-
trägen. Natürlich ist das auch
via "Divi Bibliothek" möglich, aber mithilfe
dieses Plugins geht es ein wenig schneller.
Für den normalen Gebrauch muss nichts weiter
eingestellt werden. Nur AKTIVIEREN!

- **Yoast**   **SEO:**
Hier ist für fast alle Websites die kostenfreie
Version   ausreichend. de.wordpress.org/plugins/wordpress-seo/
Für Experten, die gerne
eine automatische Keyword-Op-
timierung und Linkprüfung etc.
nutzen möchten, ist die kosten-
intensive Premium-Version ggf.
besser geeignet. Die Einstellun-
gen der kostenfreien Version können fast komplett übernommen werden. Nach der Installation und Aktivierung bitte wie folgt vorgehen:

In der linken Navigation auf SEO klicken und nach dem Aufbau der Website die erstmalige Konfiguration wie auch
die Optimierung der SEO-Daten starten.

Startseite: Da der Seitenname automatisch in den Titel genommen wird und „Home" oder „Startseite" nicht wirklich SEO-Relevante Keywords sind, diese bitte per Hand optimieren. Jede Seite und jeder Beitrag haben durch das SEO-Plugin jetzt die Möglichkeit, einen SEO-Titel (Keyword relevant) und eine Meta-Beschreibung zu erhalten. Ist hier nichts ausgefüllt, wird automatisch der Seitentitel und der Titel der Website eingesetzt. In die Meta-Beschreibung gehört ein Text, der Kunden / Besucher animiert, die Website zu besuchen. Ein farbiger Balken zeigt die optimale Textlänge an. In der darüberliegenden Vorschau sieht man, wie die Seite in der Google Suche aussehen kann.

Mehr zum Thema SEO im Kapitel "Bildgröße, SEO und Hilfsmittel".

- **Really Simple SSL:** Sie haben ein SSL-Zertifikat Ihrer Domain zugewiesen, aber im Browserfenster erscheint die Website noch als "unsicher"? Hier hilft oft das Plug- de.wordpress.org/plugins/really-simple-ssl/
in "Really Simple SSL"
in der Basis-Version (kostenlos). Nach der Aktivierung müssen Sie die Seite, in der Regel, nochmal über "https" neu starten. Sie werden automatisch dorthin geleitet. Werden anschließend noch Fehler gemeldet, sind diese oft auf externe Bilder oder Scripte zurückzuführen. Bilder können z.B. via Datenbank geändert werden. Dies sollte jedoch

nur von einem Fachmann durchgeführt werden. Alternativ, bei wenigen Bildern, die URL im
Medienbereich von "http" auf "https" ändern.

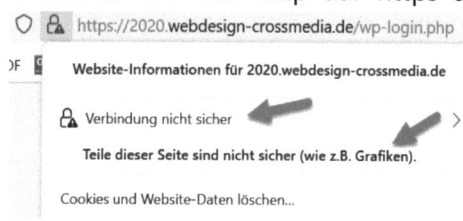

- **GDPR Cookie Compliance:**
  Im Bereich der Cookie-Banner gibt es unglaub-
  lich viele Anbieter.

  de.wordpress.org/plugins/gdpr-cookie-compliance/

  Bei den kosten-
  losen Standard-Plugins mit einfachen Einstellungen, wenn man
  keine Besucherdaten speichert
  oder weiterleitet wie Analytics
  oder Pixels, reicht dieses Plugin
  oft aus.

  Ggf. sollte man die vordefinierten Texte noch
  anpassen, da nicht jeder die „du"-Form in den
  Bannertexten mag.

  Nutzen Sie Cookies zur Nachverfolgung, ist ein
  sehr einfacher Weg durch das kostenpflichtige
  Plugin von "Borlabs" möglich. Weitere Infos
  unter dem Punkt „Kostenpflichtige Plugins".

- **Duplicator:**
  Eine schnelle und unkomplizierte Sicherung

der Website ist wichtig. Auch hier tummeln sich viele Anbieter mit kostenlosen Schnupperversionen auf dem Markt. Bezüglich Kompatibilität ist Duplicator für kleine Websites eine tolle Lösung.

de.wordpress.org/plugins/duplicator/

Für richtig große Websites mit mehreren Gigabyte oder Shop-Systeme sollten Sie besser ein wenig investieren und auf z.B. VaultPress setzen.

Kostenpflichtige Plugins, die ich empfehle:

- **Divi Booster:**
  Dieses Plugin für (Stand 2021) 29 $ ist wirklich sein Geld wert. Divi selbst ist gut, aber mit dem Booster Plugin holt man wirklich mehr heraus.

diviibooster.com/

Viele Kleinigkeiten, die man als selbstverständlich erachten würde, fehlen leider beim Original Divi, wie z.B. das Öffnen von SocialMedia Kanälen im Footer / Header in einem neuen Fenster u.v.m.

Dieses Plugin merzt viele Defizite vom Original Divi aus und sorgt für eine schmalere CSS /JavaScript-Struktur beim Einsatz, also eine schnellere Website.

- **Divi Plus:**
  Eine Sammlung zusätzlicher Module und

Divi Booster Settings

⊗ Accessibility

⊗ Icons

☐ Add custom icons for use in modules (recommended size 96x96px):

Image URL   Choose Image

Note: to use SVGs, add SVG support to WordPress with a plugin such as SVG Support.

Sehr gut für z.B. Xing.

☐ Add more social media icons (enter URL):

LinkedIn		Xing	
YouTube		Flickr	
Pinterest		MySpace	
Tumblr		Vimeo	
Instagram			

Auch hier fehlen einige der wichtigsten Kanäle in original Divi. Mit Booster ist dies kein Problem mehr.

Need another icon? You can now add 250+ social media icons via the customizer

☑ Open social media icon links in a new tab

⊗ Layout

Ein Klick und die Links öffnen sich in einem neuen Fenster.

⊗ Links

⊗ Site Speed

☑ Enable compression to reduce download times

☑ Stop map module excerpts from unnecessarily loading maps scripts

Gut für die Seitengeschwindigkeit.

Extras. Nicht günstig (Stand 2021 79,- € pro Jahr), aber für die ein oder andere Spielerei eine echte Erleichterung. Für viele der Module gibt es kostengünstige Alternativen, die sich aber nicht

www.elegantthemes.com/marketplace/divi-plus/

so gut in den Workflow einpassen und im Bereich der Darstellung auch nicht wirklich Divi-Kompatibel sind.

Einige meiner persönlichen Lieblings-Module sind:
- Ajax-Suche
- Zeitleiste
- Flip-Box
- Lottie
- Mauerwerk-Galerie
- Bild-Hotspot
- Seperator
- Logo-Slider
- Vorher-Nacher Bildeffekt

Die Module sind leicht zu bedienen und können auch einzeln abgeschaltet werden, um die Website-Geschwindigkeit zu erhöhen.

- **WP-Rocket:**
  Im Bereich der "Cache Plugins" gibt es viele freie und kostenpflichtige Lösungen, um die Website zu beschleunigen. Das speziell für Divi entwickelte Divi-Rocket ist nicht zu empfehlen. Nahezu alle freien Cache-Plugins bringen einen kleinen Geschwindigkeitsschub. Ob das zusätzliche Plugin diesen Schub wert ist, muss jeder selbst beurteilen. In meinen Tests hat lediglich das teure Plugin "WP-Rocket" so gut abgeschnitten, dass eine relevante Ver-

wp-rocket.me/de/

besserung der Geschwindigkeit messbar war.

Wenn die Website online ist, sollte man erst einmal einen Speedtest, z.B. mit Google Page-Speed Inside, machen. Liegen diese Werte im roten Bereich, macht es ggf. Sinn, sich WP-Rocket anzusehen.

Oft liegt es aber nur an den Bildern. Hier helfen Photoshop oder spezielle Plugins. Mehr dazu unter „Bildgröße, SEO und Hilfsmittel".

- **Borlabs Cookie:** DSGVO Konforme Cookie-Banner, die sich leicht einstellen lassen, sind leider rar. Für 39,-€ pro Jahr erhält man hier das Cookie-Banner welches sich in ca. 30 Minuten leicht einstellen lässt.

Man aktiviert z.B. Google Analytics oder Face-book Pixel und trägt die entsprechenden APIs dort ein. Auch das Aussehen und die Stelle, an der das Popup erscheinen soll, lässt sich kinderleicht definieren.

Wer also eine sehr sichere DSGVO-Konforme Website haben möchte und nicht viele Stunden investieren möchte, ist hier richtig. Selbst der Datenaustausch mit YouTube-Videos ist mit einem Klick rechtskonform. Via YouTube gibt es oft aktuelle Anleitungen, die durch die einzelnen Tabs führen (in Deutsch).

Weiter sehr nützliche Plugins (Stand 2021):

- Antispam (Zu viel Spam? Hier ist eine Lösung.)
- Cachify (Einfaches deutsches Cache-Plugin)
- Contact Form 7 (Manchmal reicht das Divi-Formular nicht aus, dann ist dieses Tool sehr hilfreich, erfordert aber viel Übung.)
- DMSGuestbook (Das Top Gästebuch, wenn man die Lösung über WP-Beiträge so nicht mag.)
- Search & Replace (Bitte sehr vorsichtig benutzen, Änderungen in der Datenbank von WordPress aus vornehmen.)
- Lazy Load (Ladezeitverbeserung)
- ShortPixel Image Optimizer (SEO Boost durch Verringerung der Bildgrößen.)
- Really Simple Captcha (Captcha für Contact Form 7 / CF7)
- Simple Side Tag (seitlicher Navi-Button)
- Google Language Translator oder GTranslate (schnelle und einfache Autoübersetzung)
- Wordfence Security (bei Cyber-Angriffen, die Freeware-Lösung!)

Es gibt noch viele weitere Plugins, die auch sehr gut und kompatibel sind. Die hier erwähnten habe ich schon oft genutzt und kann diese daher auch ohne Bedenken weiterempfehlen.

ACHTUNG:

Nutzen Sie möglichst keine Fremd-Plugins. Schauen Sie sich im Vorfeld unter "wordpress.org" die Details an. Wann wurde das Plugin zuletzt aktualisiert? Ist es länger als sechs Monate her, ist Vorsicht geboten. Wie viele nutzen das Plugin? Bei vielen aktiven Installationen und einer hohen Bewertung gehen Sie nur ein geringes Risiko ein.

Je weniger Plugins Sie nutzen, desto geringer ist die Gefahr von Konflikten und in der Regel ist die Website auch schneller.

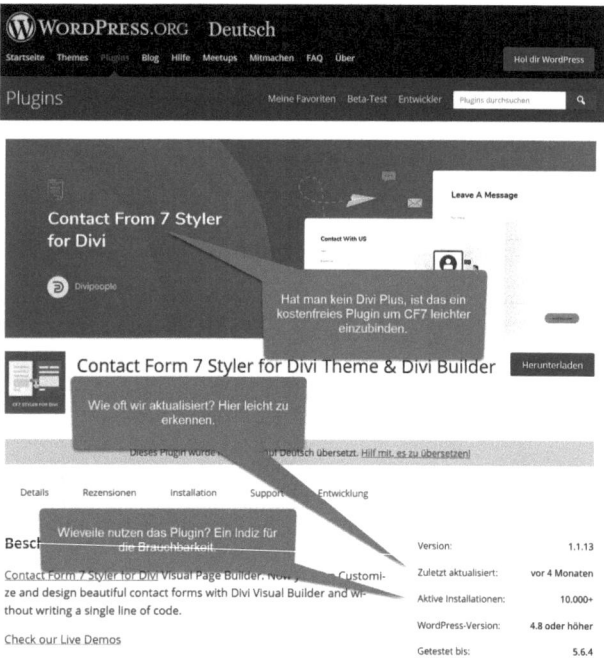

GRUNDSTRUKTUR ERSTELLEN
DIE NAVIGATION, MASSE UND FARBEN

Wer noch nie eine Website erstellt hat, sollte sich spätestens jetzt Mitbewerber-Websites ansehen oder Websites, die den persönlichen Geschmack treffen.

Schauen Sie sich die Grundstruktur, die Navigation und Farben an. Welche Art von Schrift soll es auf der eigenen Seite werden? Ist ein Logo bereits vorhanden? Kann man ggf. Ideen von anderen Websites übernehmen?

In der Regel verwendet man auf der Website wiederkehrende Farben / Töne welche z.B. auch im Logo enthalten sind.

Sie haben noch kein Logo? Schnell, einfach und günstig können Sie sich hier bei "Renderforest" automatisiert ein Logo erstellen, alternativ bei einem Grafiker oder Sie versuchen es selbst via PowerPoint, Gimp, Coral Draw oder Illustrator.

www.renderforest.com/logo-maker

Vorteil bei der Logoerstellung vom Grafiker: Sie erhalten neben der Beratung, ein Wunschlayout sowie alle passenden Datenformate wie Vektorgrafik (ai oder eps), PDF (für Druckereien), JPG (für Office) und PNG (fürs Web als transparente Datei).

Wählen Sie in Ruhe die passenden Farben für Ihre Website. Im Web können Sie 16 Millionen Farben nutzen. Hierfür verwendet man HEX- oder RGB-Farben. Mit Divi (wie auch in HTML/CSS) hat sich der HEX-Code durchgesetzt. Dieser beginnt immer mit einer Raute „#", gefolgt von Zahlen oder Buchstaben.

Um die richtigen Farben für Ihre Website zu finden, können Sie ein Grafikprogramm wie Photoshop, Illustrator oder Gimp nutzen oder den Color-Picker (siehe Link).

imagecolorpicker.com/

Bewährt haben sich:

- #ffffff (weiß)
- #eeeeee (helles grau)
- #555555 (dunkles grau)
- #000000 (schwarz)
- #cc0000 (dunkles rot) Logo-abhängig
- #eda900 (helles orange) Logo-abhängig
- #1d71b8 (blau) Logo-abhängig
- #8fb5d3 (hellblau) Logo-abhängig

Diese kann man leicht bei Divi voreinstellen (linke Navigationsleiste: Divi/ Allgemeines/ vierer Eintrag), so dass man in vielen Bereichen oder Modulen direkten Zugriff per Klick auf den Farbton hat.

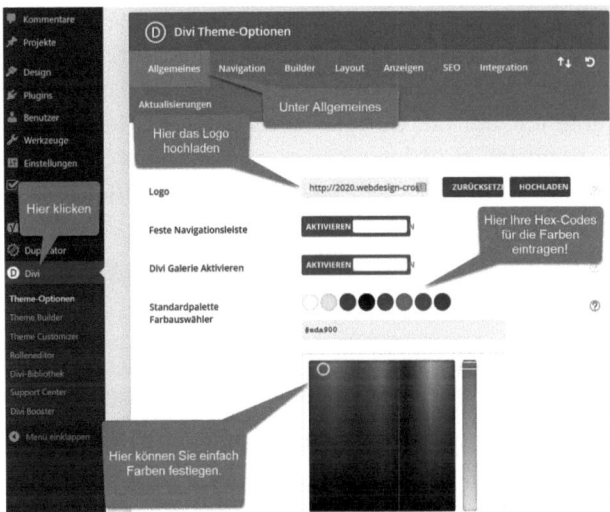

Unter dem Standardpalette Farbauswähler sind folgende Punkte auf der Seite wichtig:

Google-API-Schlüssel

cloud.google.com

Möchten Sie das interne Modul "Google Karte" nutzen, benötigen Sie hier den entsprechenden API-Schlüssel den Sie über die API Dienste von Google beziehen können.

Google-Maps Script einbinden

Persönlich arbeite ich lieber mit der IFRAME-Lösung, die Google anbietet, um die Maps einzubinden.
ACHTUNG: IFRAMES stehen in Verdacht, das Ranking negativ zu beeinflussen.

Google-Schriftarten verwenden

Es gibt mehr als 900 Google-Schriften und viele da-

von lassen sich sehr einfach in Divi einstellen. Dadurch kann man sehr schöne Texteffekte erzielen.
ACHTUNG: Möchten Sie eine schnelle Website, empfehle ich, auf die Google Fonts zu verzichten. Mann verwendet stattdessen die websicheren Schriften ARIAL, GEORGIA, TIMES NEW ROMAN, TREBUCHET oder VERDANA. Diese websicheren Schriften sind auf 99,9% der PCs vorinstalliert und müssen nicht erst geladen werden.

Social Media
Aktivieren bzw. deaktivieren Sie die entsprechenden Kanäle und setzen Sie, wenn gewünscht, die entsprechenden Links darunter.

Button "Nach oben"
Diese Position würde ich aktivieren, da es oft vorkommt, dass Seiten länger werden. Dann erscheint unten links ein Button, mit dem man direkt nach oben gelangt, ohne zu scrollen.

Eigenes CSS
Hier empfehle ich zumindest folgende Einträge:

/*--- Menu Umbruch damit es nicht zu einer 2ten Zeile bei kleineren Screens kommt----*/

```
@media (max-width: 1015px){
#et_mobile_nav_menu {
display: block !important;
}
#top-menu-nav {
display: none;
}
}
```

```
/*----breites Submenu ----*/
@media screen and (min-width: 981px) {
.sub-menu {
        min-width: 300px;
}
#top-menu li li a {
   width: 260px;
        /* Abstände Listen */
        padding: 4px 12px;
        }
}
```

Die ersten 4 Seiten für die Navigation

Um mit der Navigationsleiste fortzufahren, werden erst einmal vier Basic-Seiten erstellt (ohne Inhalte). Dazu gehen Sie in der linken Leiste auf "Seiten, Erstellen" und tragen folgende Titel ein:

- Home oder Startseite
- Kontakt
- Impressum
- Datenschutz

Anschließend gehen Sie auf "Veröffentlichen".

Anlegen der ersten zwei Menüs (Navigation)

Ein Menü (Navigation) ist ein Listenobjekt, also eine HTML Aufzählung mit Verlinkungen. Das ganze sieht in HTML so aus:

```
                              <nav id="top-menu-nav">
                  <ul id="top-menu" class="nav"><li id="menu-item-6245" class="m
<li id="menu-item-6231" class="mega-menu menu-item menu-item-type-custom menu-item-obj
<ul class="sub-menu">
    <li id="menu-item-6232" class="menu-item menu-item-type-custom menu-item-object-cu
    <ul class="sub-menu">
        <li id="menu-item-6265" class="menu-item menu-item-type-post_type menu-item-ob
        <li id="menu-item-6266" class="menu-item menu-item-type-post_type menu-item-ob
        <li id="menu-item-6366" class="menu-item menu-item-type-post_type menu-item-ob
        <li id="menu-item-6267" class="menu-item menu-item-type-post_type menu-item-ob
    </ul>
</li>
    <li id="menu-item-6233" class="menu-item menu-item-type-custom menu-item-object-cu
    <ul class="sub-menu">
        <li id="menu-item-6268" class="menu-item menu-item-type-post_type menu-item-ob
        <li id="menu-item-6270" class="menu-item menu-item-type-post_type menu-item-ob
        <li id="menu-item-6269" class="menu-item menu-item-type-post_type menu-item-ob
    </ul>
</li>
    <li id="menu-item-6234" class="menu-item menu-item-type-custom menu-item-object-cu
    <ul class="sub-menu">
        <li id="menu-item-6271" class="menu-item menu-item-type-post_type menu-item-ob
        <li id="menu-item-6272" class="menu-item menu-item-type-post_type menu-item-ob
        <li id="menu-item-6273" class="menu-item menu-item-type-post_type menu-item-ob
        <li id="menu-item-6274" class="menu-item menu-item-type-post_type menu-item-ob
    </ul>
</li>
</ul>
</li>
<li id="menu-item-6264" class="menu-item menu-item-type-post_type menu-item-object-pag
<li id="menu-item-6243" class="menu-item menu-item-type-post_type menu-item-object-pag
<li id="menu-item-6244" class="menu-item menu-item-type-post_type menu-item-object-pag
</ul>                          </nav>
```

Natürlich ist das in WordPress so nicht niederzuschreiben. Hierzu gehen Sie in der linken Leiste auf "Design/ Menü", erstellen einen Namen (z.B. Hauptnavi), wählen seitlich unter „Seiten" die zwei erstellten Seiten "Startseite" oder "Home" sowie "Kontakt" aus und wählen unten „Zum Menü hinzufügen" aus. Jetzt noch unter Menü-Einstellungen die Box „Hauptmenü" auswählen, anschließend noch „Menü speichern".

Für die zweite Navigation gehen Sie auf „Erstelle ein neues Menü" und folgen den Anweisungen wie im ersten Punkt beschrieben. Das Menü würde ich "Footer" nennen und die dazugehörigen Seiten wären "Datenschutz" und "Impressum". Unter "Menü-Einstellungen" noch die Box "Footermenü" auswählen.

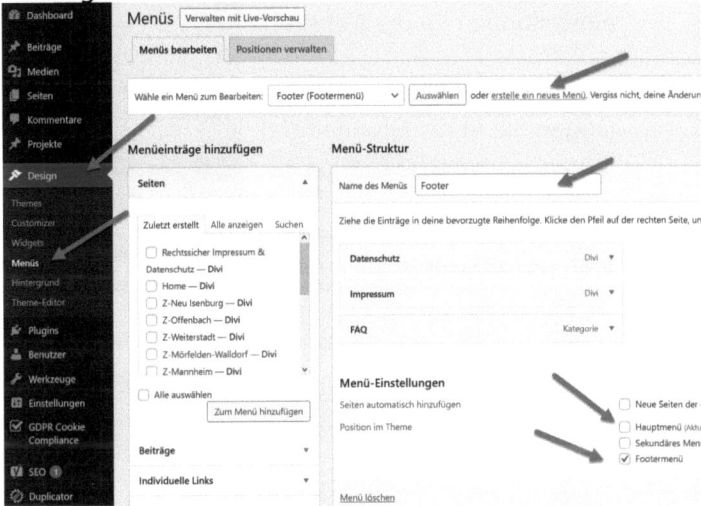

WICHTIG: Startseite festlegen

Gehen Sie nun auf der linken Leiste auf "Einstellungen / Lesen". Dort klicken Sie auf „Eine statische Seite auswählen" und unter "Homepage" legen Sie diese fest, zB. Home oder Startseite.

Jetzt funktioniert auch die Verlinkung vom Logo auf die Startseite.

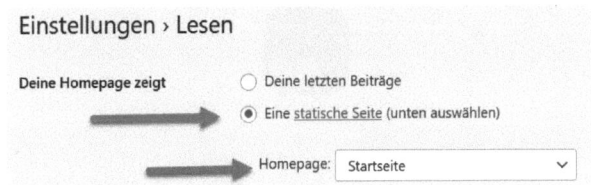

Design / Customizer

Nun folgen die globalen Grundeinstellungen für die Website.

Unter "Design / Customizer" gelangen Sie in die Grundeinstellungen:

Allgemeine Einstellungen /
Website-Identität

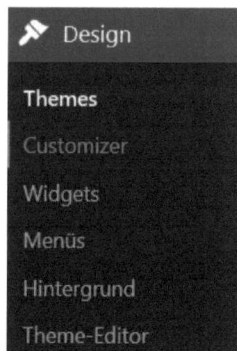

Legen Sie hier den Titel der Website fest. Dies ist der

< Deine Anpassungen für ▸ Allgemeine Einstellungen
   Website-Identität

TITEL DER WEBSITE

Website (Homepage) erstellen mit WordPress

UNTERTITEL

Webdesign Crossmedia Tim Rautenberg

WEBSITE-ICON

*Website-Icons erscheinen in Browser-Tabs, Lesezeichenleisten und innerhalb
der WordPress Mobile Apps. Lade hier eins hoch!*

*Website-Icons sollten quadratisch und mindestens **512 × 512** Pixel groß sein.*

Entfernen   Bild wechseln

Titel-Tag der oben im Browser-Reiter steht. Dieser Eintrag ist SEO-relevant. Nutzen Sie Keywords, welche auch tatsächlich gesucht werden, wie z.B. „Bäckerei Müller Koblenz" oder „Spezial Angelzubehör". Im Untertitel können Sie z.B. Ihren Namen einsetzen.

Das Website-Icon gehört mittlerweile zu jeder Website. Hiermit ist das kleine Piktogramm gemeint, welches oft oben im Browserfenster zu sehen ist. Dieses wird in der Regel als "Favorit Icon" oder besser "Favicon" bezeichnet.

Da es in den meisten Browsern nur in 48x48 Pixeln dargestellt wird, sollte es aus einer sehr einfachen Form bestehen, zB. ein Kreis, ein bis zwei Buchstaben oder ähnliches. Die 512x512 Pixel, welche dort angegeben werden, sind für Vorschaubilder z.B. bei I-Phones bestimmt.

ionos.de/tools/favicon-generator

hoststar.at/de/tools/favicon-generator

Optimal erstellt man ein solches Favicon als Vektorgrafik, z.B. via Adobe Illustrator. Für alle ohne dieses Profi-Programm hier zwei kostenfreie Online-Möglichkeiten.

Speichern Sie die Datei als "png" ab und laden Sie diese anschließend unter "Website-Identität" hoch.

Layout-Einstellungen

Zuerst müssen Sie sich entscheiden, ob Sie eine Website auf voller Breite ("Full-Width-Layout") aufbauen

möchten, also Bilder oder Hintergründe erstrecken sich über den ganzen Bildschirm, von links nach rechts oder ob Sie ein ein Boxed-Layout nutzen möchten. Hier erstellt das System einen inneren Bereich von 1080 oder 1280px und die Randbereiche bei großen Monitoren können mit einem Hintergrundbild oder einer Farbe / Verlauf ausgefüllt werden.

Oft sind ältere oder amtliche Seiten in einem Boxed-Layout aufgebaut. Die Bilder müssen hier nicht so groß sein und können schneller geladen werden. Sehr gut für SEO-High-Speed-Websites geeignet.

Die meisten aktuellen Websites hingegen nutzen das Full-Width-Layout.

Als Inhaltsbreite ist 1080 vorausgefüllt. Dies war vor einigen Jahren, als die meisten noch HD-Monitore nutzten, auch ausreichend. Viele nutzen heute größere Monitore mit Auflösungen bis zu 4K. Daher empfehle ich hier 1280 bis 1920 Pixel als Breite.

Die voreingestellten Abstände sollten so stehen bleiben. Beabsichtigen Sie jedoch, eine Website zu erstellen, bei der die Bilder alle aneinader kleben und dies auf allen Seiten so sein soll, tragen Sie bei Spalte und Höhe die „0" ein.

Die Akzentfarbe sollte Aufmerksamkeit erregen und eine wiederkehrende Farbe sein. Ich nutze hier gern eine Signalfarbe, welche z.B. auch im Logo zu finden ist. Ideal wäre ein dunkles Rot, ein Orange oder ein helles Blau.

Typographie

Bei der Typographie sollte im Vorfeld bedacht werden, dass es websichere Schriften und Google Fonts gibt. Bei den websicheren Schriften
- Arial
- Georgia
- Times New Roman
- Trebuchet
- Verdana

geht man davon aus, dass diese auf allen Endgeräten vorinstalliert sind und somit nicht erst geladen werden müssen. Dies hat zur Folge, dass die Website ein

SCHRIFTGRÖSSE IM BODY

16

ZEILENHÖHE IM BODY

1,6

TEXTGRÖSSE IM HEADER

30

ZEICHENABSTAND IM HEADER

0

ZEILENHÖHE IM HEADER

1

SCHRIFTFORMAT IM HEADER

| B | *I* | TT | U̲ |

SCHRIFTART KOPFZEILE

klein wenig schneller ist. divibooster.com/adding-google-fonts-to-divi/
Bei den Google Fonts hat man die Auswahl aus vielen hundert Schriften, welche hier einfach ausgewählt werden können. Mit diesen Schriften kann man grafisch sehr gelungene Websites aufbauen. Achtung Daten-

schutz! Ggf. sollten Google Fonts fest installiert werden, um den Datentransfer zu Google zu reduzieren. Seitlich ein Link, der diese Möglichkeit beschreibt (englisch).

Die Schriftgröße ist auf 14px voreingestellt. Ältere

Menschen haben bei der Größe manchmal Schwierigkeiten. Hier empfehle ich 16 px. Die restlichen Höhen und Abstände würde ich so stehen lassen. Für die meisten Websites sind das brauchbare Werte.

Möchten Sie Überschriften immer hervorheben? Dann nutzen Sie doch die Möglichkeiten der Schriftformate Header, zB. alles in Fett (B) oder alles in Versalien/Großbuchstaben (TT) sowie mit einer speziellen Farbe (Schriftfarbe Header).

Bei der Linkfarbe nutze ich oft die Signalfarbe, welche ich schon im Bereich Akzentfarbe , gewählt hatte.

Die Schriftfarbe sollte sehr gut lesbar sein. Ein sehr dunkles Grau oder ein Schwarz wären bei einem weißen Hintergrund zu empfehlen.

Hintergrundbild

Bei einem Boxed-Layout empfehle ich entweder eine ruhige Hintergrundfarbe oder ein fixiertes Hintergrundbild. Beim Bild sollte darauf geachtet werden,

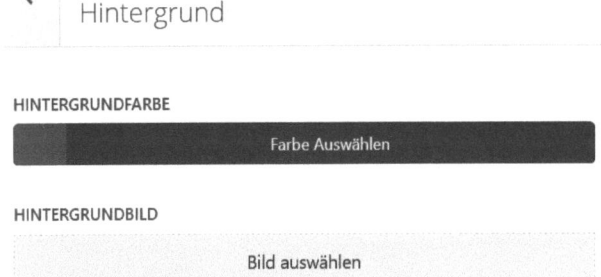

dass die Maße 1920x1080 px entsprechen, die Größe möglichst die 200kb nicht übersteigt und es die Aufmerksamkeit nicht zu sehr auf sich zieht… Die Inhalte sollten im Vordergrund stehen.

Header & Navigation / Headerformat

Der Header-Style Standard hat sich in den meisten Fällen als sinnvoll erwiesen, Logo links, Navigation rechts. In einigen Fällen, bei einem sehr breiten Logo und vielen Menüpunkten, ist die Lösung "Zentriert" (Logo über dem Menü) auch sehr gut.
Die "Varianten" innenliegendes Logo sowie "Slide-In" oder "Vollbild" sind Geschmacksache.

‹ Deine Anpassungen für ‣ Header & Navigation
Headerformat

HEADER-STYLE

Standard

VERTIKALE NAVIGATION AKTIVIEREN

NAVIGATION BIS ZUM SCROLLEN VERBERGEN

Die vertikale Navigation wurde früher sehr oft genutzt. Seit ein paar Jahren ist diese Darstellung für Full-Screen und Tablet kaum noch relevant.

Primäre Menüleiste

Farben und Größe sind Geschmacksache. Generell empfehle ich anfangs nur folgende Punkte zu ändern:

- Menü-Höhe & Logo max. Höhe: Passend zum Logo so einstellen, dass das Logo gut sichtbar ist.
- Schriftgröße entweder auf 14 oder 16 px einstellen. Möglichst darauf achten, dass die Zeile auf einer Linie bleibt. Hier ggf. mit einer verschachtelten Navigation oder einem Mega- Menü arbeiten.
- Default Font so stehen lassen.
- Zeichenformat je nach Geschmack ggf. fett und/ oder in Versalien (Großbuchstaben)
- Farben: Aktive Linkfarbe analog der Akzentfarbe, Rest in grau oder schwarz

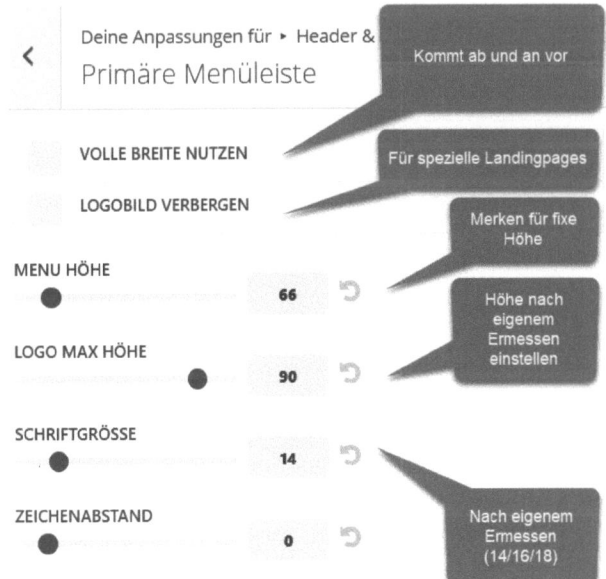

Bei den Hintergrundfarben arbeite ich persönlich am liebsten mit weiß oder einem sehr hellen Grau. Zu viele Farben bringen Unruhe in den Gesamtauftritt.

Sekundäre Menüleiste

Hierbei handelt es sich um eine kleine zusätzliche Menüleiste oberhalb der regulären Navigation. Zu beachten ist, dass sich diese in der mobilen Darstellung hinter die Hauptnavigation schiebt.

Haben Sie in den Header-Elementen ("Header & Navigation") Telefon und Mail angegeben, erscheinen diese regulär links oben mit kleinem Icon, ebenso die Social-Mediakanäle, wenn angelegt. Haben Sie zusätzlich "Divi-Booster" als Plugin kann dies sehr leicht auf rechts umstellen bzw. die Social-Media-Kanäle in einem neuen Tab öffnen lassen. Dies funktioniert sonst nur mit CSS-Kenntnissen.

Bei der Schriftgröße empfehle ich die 12 px beizubehalten, da es sich hier, in der Regel, nur um eine zusätzliche Leiste handelt.

Einstellungen für fixe Navigation

Möchten Sie eine, beim nach unten Scrollen gleichbleibende Höhe der Leiste, hier den Wert analog „Primäre Navigationsleiste" eintragen. Andernfalls schiebt sich die Leiste beim Runterscrollen zusammen. Ich empfehle die Farben und Schriftgrößen auch analog der primären Navigation zu nutzen.

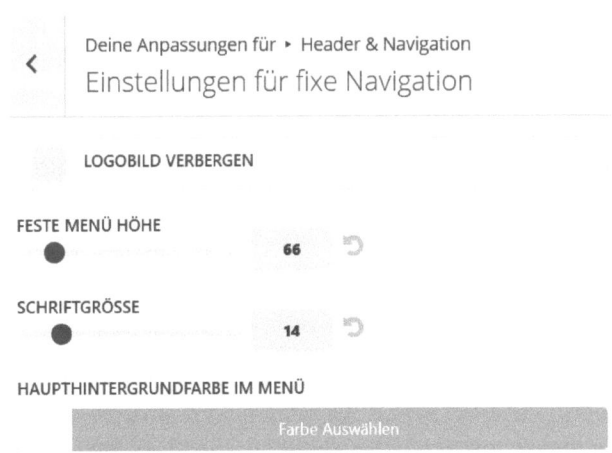

Headerelement

Deine Anpassungen für ▸ Header & Navigation
Headerelemente

SOCIALICONS ZEIGEN

SUCHSYMBOL ANZEIGEN

TELEFONNUMMER

E-MAIL-ADRESSE

„SocialIcons zeigen" auswählen, wenn man diese nutzt. Verlinkungen zu eigenen Bereichen sind immer nützlich. Suchsymbol nur verwenden, wenn man diesen Bereich auch mit den entsprechenden Suchbegriffen pflegt oder eine Ajax Search-Programmierung nutzt (zB. bei Divi Plus enthalten). Telefonnummer und Mail eintragen, wenn man die sekundäre Menüleiste nutzt.

Footer / Layout

Der Footer ist ein Bereich der Website, der normalerweise auf allen Seiten dargestellt wird. Im ersten Tab-Bereich kann man das Layout (1-6 Spalten) festlegen. Ich empfehle, drei bis vier Spalten zu wählen für Adresse, Schnellkontakt und ggf. 1-2 Auszeichnungen oder Mitgliedschaften.

Layout

Als Hintergrundfarbe hat sich ein dunkles Grau bewährt, hängt jedoch stark vom farblichen Gesamteindruck ab.

Widgets

Dieser Bereich wird in der linken Hauptleiste unter "Design/Widgets/Footerbereich" mit Texten/Bildern gefüllt. Bei den Einstellungen empfehle ich unter Headerfarbe für Widgets und Listenpunktfarbe ggf. die Akzentfarbe aus zu wählen.

Footerelemente

Socialicons zeigen: ja, wenn genutzt. Diese erscheinen im unteren Bereich rechts. Auch hier, wenn Divi-Booster genutzt wird, ist ein Öffnen in neuen Tabs mit einem Klick möglich. Andernfalls öffnet sich das Social-Media-Fenster im gleichen Tab.

Footermenü

Hier ggf. auch für die Farbe aktive Links die Akzentfarbe auswählen. **ACHTUNG:** Divi hat seit Anfang an ein kleines Problem... Erst einmal die falsche Farbe wählen, speichern und dann die korrekte Farbe auswählen und speichern.

Untere Footerleiste

Drei Möglichkeiten im Standard: So stehen lassen und Werbung für Elegant Themes machen, Footer Credits abschalten und auf die Leiste komplett verzichten oder mit der ID „Footer-Info" analog Bild eine eigene Footer Textzeile erstellen.

Grundstruktureinstellungen Ende

Hier endet erst einmal die Grundstruktureinstellung. Im Laufe der weiteren Ausarbeitung können Sie immer wieder nachjustieren.

Die Homepage
Die wichtigste Seite

Nachdem alle globalen Einstellungen, wie Farben, Navigation, Schriften etc. eingetragen sind, kann die „Homepage" Startseite/Home bearbeitet werden. In der Regel ist dies die wichtigste Seite der Website, die auch im Ranking bei den Suchmaschinen vor allen anderen Seiten steht (spezielle Landingpages ausgeschlossen).

Auf der linken Leiste auf "Seiten" klicken, die Startseite aussuchen und auf "Bearbeiten" klicken. Im Backend gibt es einige Bereiche, die voreingestellt werden sollten, bevor Sie an die Frontend-Ausarbeitung mit Divi vornehmen.

Hierzu gehören die SEO Einstellungen, zB. über die kostenlose/ abgespeckte Version von Yoast SEO.

Hat man dieses Plugin installiert, erscheint der SEO-Bereich direkt unter dem Button "Divi Builder".

Die SEO-Analyse mit dem roten, traurigen Gesicht kann erst einmal außer Acht gelassen werden. Wichtig ist hier ein aussagekräftiger SEO Titel (Titel-Tag) mit den wichtigen Suchbegriffen und eine gute Beschreibung dazu. Ein Balken zeigt an, ob die Länge der Beschreibung bzw. des Titels in Ordnung sind. Die Meta-Beschreibung sollte Besucher animieren, diesen Link in der Suchmaschine auch anzuklicken.

Alle weiteren Einstellmöglichkeiten sind erst einmal unwichtig.

Google-Vorschau ^

Vorschau als:

● Ergebnis für die mobilen Geräte ○ Ergebnis für den Desktop

🏋 2020.webdesign-crossmedia.de › test

Homepage erstellen mit WordPress und Divi als Theme

Jun 27, 2021 · Anleitung: wie man mit WordPress und dem Divi Theme eine Homepage erstellt. Schritt für Schritt zur professionellen Homepage.

SEO Titel | Insert variable |

Homepage erstellen mit WordPress und Divi als Theme

Permalink

test

Meta-Beschreibung | Insert variable |

Anleitung: wie man mit WordPress und dem Divi Theme eine Homepage erstellt. Schritt für Schritt zur professionellen Homepage.

Weiter geht es zur rechten Seitenleiste. Damit die Website im Social-Media-Bereich bei Verlinkungen auch mit einem Bild angezeigt wird, können Sie unter "Beitragsbild" ein solches einfügen. Hier können Sie zusätzlich noch einmal den Meta-Text hinen kopieren.

Diese Schritte können Sie für alle weiteren Unterseiten ebenso durchführen, denn jede Seite kann als Landingpage aufgebaut werden und im Suchmaschinen-Index relevante Rankings erreichen.

Nun kann es an den Aufbau der ersten Seite gehen. Hierfür Können Sie entweder im Backend auf der entsprechenden Seite auf den Button „Verwenden Sie den Divi Builder" bzw. „Bearbeiten mit den Divi Builder" oder im Frontend oben auf „Visuellen Builder aktivieren" klicken.

GRUNDLAYOUT ANLEGEN
AUFBAU, ELEMENTE UND MODULE

NEU AUFBAUEN	PREMADE-LAYOUT AUSWÄHLEN	BESTEHENDE SEITE KLONEN
Bauen Sie Ihre Seite von Grund auf auf. Machen Sie sich keine Sorgen, Sie können jederzeit auf unsere vorgefertigten Layouts zugreifen.	Wählen Sie aus hunderten vorgefertigten Premade-Layouts oder starten Sie mit einem Ihrer gespeicherten Layouts.	Starten Sie Ihr Layout-Design schnell, indem Sie eine bereits erstellte Seite duplizieren.
Mit dem Aufbau beginnen	Layout auswählen	Bild auswählen

Haben Sie im Frontend den visuellen Builder aktiviert, erscheint als erstes eine Boxauswahl mit folgenden drei Möglichkeiten:
*   Neu Aufbauen
*   Premade Layout auswählen
*   Bestehende Seite klonen

Neu Aufbauen

Kennt man sich mit Divi aus und hat schon ein Layout im Kopf, ist das die richtige Wahl.

Premade Layout auswählen

Möchten Sie schnell zu einem professionellen Ergebnis kommen, stehen Ihnen mehr als 200 Layouts zur Verfügung, welche mit neuen Texten und Bilder gefüllt werden können. Zum Ausprobieren und Lernen ist diese Möglichkeit hervorragend geeignet, für Anfänger mit Sicherheit auch die beste Wahl.

Bestehende Seite klonen

Hat man die erste Seite erstellt und damit auch sein Grundlayout festgelegt (in den meisten Fällen sind die Unterseiten im Aufbau ähnlich der Startseite oder haben wenigstens ähnliche Elemente), kann man

---

Seite　Block　　　　　　　✕

Status und Sichtbarkeit　　　∧

Sichtbarkeit　　Öffentlich

Veröffentlichen　27. Juni 2021 11:13

In den Papierkorb verschieben

Yoast SEO　　　　　　　　　∨

🕓　2 Revisionen

Permalink　　　　　　　　　∨

Beitragsbild　　　　　　　　∧

Bild ersetzen

Beitragsbild entfernen

Textauszug　　　　　　　　∧

Schreibe einen Textauszug (optional)

Anleitung: wie man mit WordPress und dem Divi Theme eine Homepage erstellt. Schritt für Schritt zur professionellen Homepage.

Mehr über manuelle Textauszüge erfahren (engl.) ↗

für die weiteren Seiten die Startseite als Vorlage verwenden / klonen.

Hintergrundwissen

Alle Bereiche einer Website sind in Boxen (rechteckige Bereiche) aufgebaut. Es gibt den "äußersten Bereich", in den man z.B. ein Hintergrundbild legen kann. Des weiteren fgibt es "Innere Bereiche" welche man zB. in Spalten aufteilt und diese dann mit Texten und Bildern füllt. Fast alle Bereiche kann man mittels CSS (in Divi gibt es viele Regler, welche man nutzen kann, ohne CSS zu lernen) ändern, wie zB. Abstände, Größen oder Effekte.

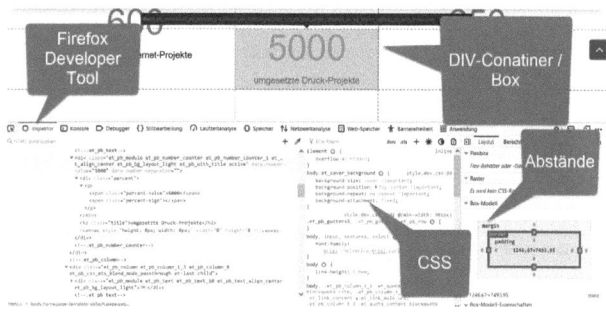

Divi Seitenaufbau mit Zeilen/ Spalten und Modulen

Innerhalb des äußersten Containers kann man beliebig viele Zeilen einfügen. Diese Zeilen können in ein bis sechs Spalten aufteilt werden. Diese Spalten kann man dann mit Modulen füllen. Module sind Elemente für Texte, Bilder, Slider und vieles mehr.

Layout auswählen

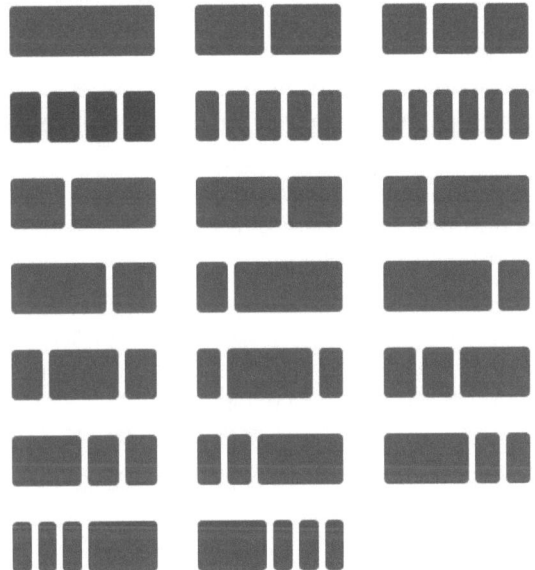

Diese Spalten verhalten sich RESPONSIVE. Das bedeutet, die einzelnen Spalten verschieben sich, je kleiner der Bildschirm wird.

Beispiel:
1. Bei einer Zeile mit vier Spalten sind bei einem großen HD Monitor noch alle vier Spalten nebeneinander zu sehen.
2. Bei einem Tablet hochkantsieht man nur noch zwei Spalten und die anderen zwei stehen jetzt darunter.
3. Bei einem Smartphone liegen alle vier Spalten untereinander.

Theoretisch können so viele Zeilen und Module wie möglich verwendet werden. Die Seiten verlängern sich nach unten quasi unbegrenzt.

Sinnvoll ist das nicht. Ein normaler Website-Besucher schaut auf eine Seite und sieht ein Bild sowie die erste Überschrift und entscheidet in der Regel in weniger als einer Sekunde, ob er auf der Seite bleibt oder nicht. Bleibt der Besucher, scrollt er nach unten und sucht nach einer Antwort auf seine Frage / seines Besuchgrunds. Dies sollte schnell gehen, denn Besucher sind schnell wieder weg …

Zudem sind lange Seiten speicherlastig, brauchen länger beim Aufbau und werden dadurch schlechter in den Suchmaschinen platziert.

Module

Im Standard-Divi-Builder gibt es mehr als 30 Module , die verwendet werden können.

Hier ein Überblick mit dem effektiven Nutzen der Module:

- **Akkordeon**
  Nettes Gimmick, um viel Text auf kleinem Raum unterzubringen, wird oft in FAQs genutzt.
- **Audio**
  Einfaches Einbinden von mp3 Dateien mit Abspielfunktion, ggf. für Musiker interessant.
- **Balkenzähler**
  Grafische Darstellung von einem wachsenden Balken von 0-100% mit Benamung. Ggf. Interes-

sant, um einen Preisnachlass darzustellen.

- **Beitragsnavigation**
  Für Blogger ein schönes Modul, um von Beitrag zu Beitrag zu springen.

- **Bild**
  Das zweitwichtigste Modul, nach dem Textmodul. Einbinden von Bildern, welches sich an der Container-Größe orientiert, mit zahlreichen Einstellungsmöglichkeiten, wie Lightbox, Weiterleitung, Hover u.v.m.

- **Blog**
  Sehr gutes Modul, um Beiträge in zwei verschiedenen Formaten darzustellen. Via CSS sind viele Darstellungsmöglichkeiten geboten.

- **Button**
  Verlinkung (auch auf neue Tabs) mit Farbeffekten und leichter Animation. Kann sehr vielseitig angepasst werden.

- **Code**
  Für Fremdcode gut geeignet. ZB. bei Ärzten für das Einbinden von Jameda / Onlinetermine oder bei Finanzberatern für die vordefinierten Anlageberechnungen. Wird oft auch für IFrames oder für schnelle HTML Snipets genutzt.

- **Countdown-Timer**
  Toll bei der Einführung neuer Artikel oder einem Countdown für ein Event, zB. Konzert.

- **E-Mail-Optin**
  Durch unsere Gesetze nutzlos. Für Newsletter etc. benötigt man in Deutschland das Double Optin-Verfahren.

- **Filterbares Portfolio**
  In der Regel nutzt man Beiträge in WordPress. Projekte sind quasi das Gleiche mit anderen

Darstellungsmöglichkeiten. Steht von Anfang an fest, dass die Website Beiträge anders als „normal" darstellen soll, könnte das Tool sinnvoll sein. Die Filter-Funktion ist ein schönes Gimmick, um Beiträge nach Kategorien im Frontend filtern zu lassen.

- **Galerie**
Standardgalerie mit Light-Box Funktion. Es gibt viele schönere Galerielösungen, aber da im Standard integriert, kann man es auch nutzen.

- **Handlungsaufruf**
Der erweiterte Megabutton. Überschrift, Infotext und grafische Verlinkung mit Animation.

- **Informationstext**
Bild/ Icon & Text Kombination. Sieht gut aus und ist einfach zu bedienen. Die voreingestellte Animation sollte ggf. ganz unten auf "Tab Design" deaktiviert werden.

- **Karte**
Um die Karte zu nutzen bedarf es der Google API. Diese erhält man über Google Developers. Ich empfehle, bei guten Bewertungen, den IFrame von Google Business zu benutzen.

- **Kommentare**
Für Blogger ggf. nützlich.

- **Kontaktformular**
Im Standard (voreingestellter Modus) leicht und schnell zu erstellen. Noch das Zusatz Kontroll-kästchen für den Datenschutz hinzufügen und schon hat man ein funktionstüchtiges Formular. Bei vielen gewünschten Feldern unter "Meldungsschema" die Feld-IDs gem. Vorgabe "Info-button" wegen der Übersichtlichkeit eintragen.

- **Kreiszähler**
  Nettes Gimmick, mehr nicht.

- **Login**
  Bei normalen Websites benötigt man es nicht, bei Shops, Foren etc. ggf. nützlich.

- **Menü**
  Im Bereich Theme Builder nützlich.

- **Personen**
  Bild mit Text-Infos. Persönlich nutze ich hier lieber die Kombination aus den zwei Modulen Bild / Text oder Modul Informationstext.

- **Portfolio**
  Beitragsdarstellung über Projekte. (Siehe auch Beschreibung "Filterbares Portfolio")

- **Post-Slider**
  Für Blogger und Websites mit vielen Beiträgen sehr sinnvoll. Darstellung ist gut gelungen. Individuelle Anpassung ist für Anfänger schwierig.

- **Posttitel**
  Meiner Meinung nach unwichtig. Besser das Modul "Blog" verwenden und individuell einstellen.

- **Preistabelle**
  Preisdarstellung. Für eine schnelle und einfache Darstellung von Leistungen mit Preien. Hier gibt es vonDrittanbietern bessere Tools.

- **Registerkarte**
  Gleiches Gimmick wie Akkordeon nur seitlich dargestellt als Tabs wie im Browser.

- **Seitenleiste**
  Widget Sidebar zum Einbinden in eine Seite. Auch die Footer-Widgets können verwendet werden. Da im Widget-Bereich ab und zu HTML-Kenntnisse notwendig sind, für Anfänger eher nicht geeignet.

- **Shop**
  Einfach ignorieren. Wer einen Shop via Word-Press aufsetzen möchte, nutzt WooCommer-ce, verbunden mit German Market oder zB. wpShopGermany.
- **Slider**
  Schöner Slider mit animiertem Text einfach zu bedienen.
- **Social Media**
  Sehr gute Möglichkeit Social-Media Verlinkungen einzubinden. Seit kurzem ist sogar Xing mit dabei…
- **Suche**
  Im Grunde unbrauchbar. Wenn, würde ich das Suchfeld im Kopfbereich (Navigation) aktivieren.
- **Teiler**
  Horizontale Linie, bei der man die Farbe und auch die Abstände oben / unten bestimmen kann. Durch Einstellungen im zweiten Reiter kann man diese Linie auch vertikal mit Animation einblenden, dies sorgt für schöne individuelle grafische Effekte.
- **Testimonials**
  Für Zitate sehr gut geeignet. Stellt oben einen Kreis mit Anführungsstrichen dar.
- **Text**
  Das wichtigste Modul: WYSIWYG Editor („What You See Is What You Get") mit den wichtigsten Einstellungen sowie einem HTML-Bereich für spezielle Anpassungen. Auch hier kann man Abstände, Hintergrundfarben sowie Animationen kinderleicht einstellen.
- **Umschalter**
  Eine Textbox, die man per Klick auf-/zuklappen

kann.

- **Video**
  Kinderleichter Einbau von Videos / YouTube-Videos und mehr, mit der Möglichkeit eines individuellen Vorschaubildes.

- **Video-Slider**
  Nett, aber sehr speicherintensiv. Für Websites, bei denen Ranking keine Rolle spielt, ggf. interessant.

- **Zähler**
  Eine Zahl, die sehr schnell, grafisch animiert, hochzählt. Eine sehr schöne Möglichkeit, um die Anzahl von Aufträgen, glücklichen Kunden oder Sonstigem anzuzeigen.

Bedienung der Grundelemente im Divi Builder

Verschieben von Abschnitten, Zeilen oder Modulen

Alle Container/ Boxen können verschoben werden, aber auch ganze Abschnitte und Zeilen sowie einzelne Module. Mit der Maus (linke Taste) auf das Pfeilkreuz gehen, festhalten und verschieben.

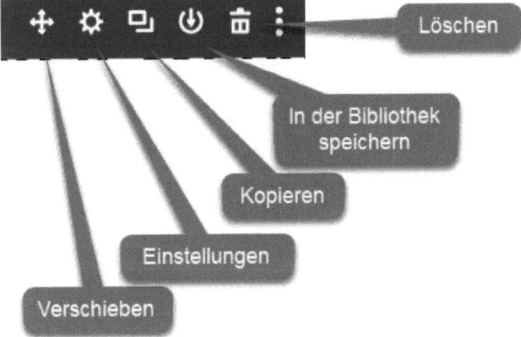

Achtung! Manchmal ist es nicht ganz einfach, ein Modul oder einen ganzen Bereich passend abzulegen. Hier hilft die "Drahtgitteransicht". Um diese Ansicht zu öffnen, gehen Sie unten auf das Symbol mit den drei Punkten und anschließend links auf das "Drahtgitter-Symbol".

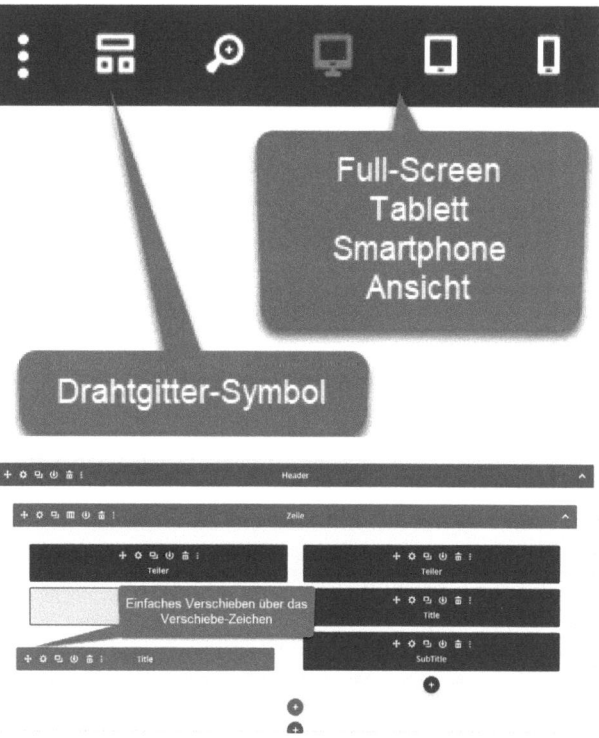

Einstellungen

Alle Tools besitzen einen ähnlichen Aufbau. Spezielle Module haben Spezialeinstellungen. Zuerst beschreibe ich den allgemeinen Aufbau der Eigenschaften.

Im oberen Bereich befinden sich drei Reiter: Inhalt, Design und Erweitert. Im ersten Reiter „Inhalt" sind die grundlegenden Eigenschaften bei "Text" zB. der Text selbst oder bei "Bild" das einzubindende Bild u.s.w.

Bei nahezu allen Inhaltseinstellungen lassen sich noch folgende zwei Funktionen festlegen.

Link: Verlinkung auf eine Seite innerhalb der Website, auf einen Ankertext (also einen Bereich der Website, der durch CSS angesteuert werden kann), eine externe Website oder zB. ein PDF zum Download.

Hintergrund: Hintergründe können wie folgt angelegt werden:

- Einfarbiger Hintergrund bzw. Transparenz
- Verlauf (auf Wunsch mit Transparenzen)
- Hintergrundbild
- Hintergrundvideo

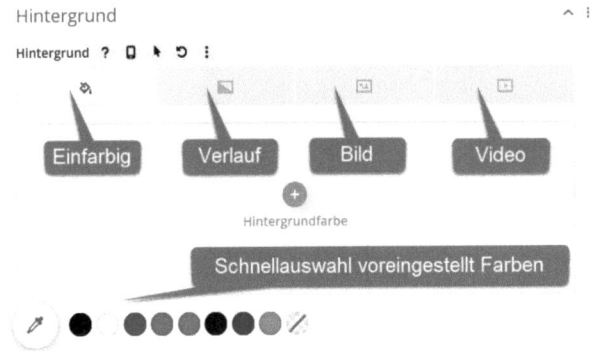

Der einfarbige Hintergrund wird oft für kleinere Bereiche, wie Texthinterlegung gewählt. Hier ist es wichtig,
den Kontrast zwischen Schriftfarbe und Hintergrundfarbe hoch zu halten. Zudem sollte im zweiten Reiter
"Design" noch der Zwischenraum "Padding" (Innenabstand) auf allen vier Seiten hochgesetzt werden.

Der Verlaufshintergrund wird ab und zu als Kom-
pletthintergrund für größere Flächen gewählt. Um
den richtigen Effekt zu erzielen, hilft oft das Prinzip
Try and Error, also die Einstellungen so lange durch-
testen, bis der gewünschte Effekt erzielt wird.

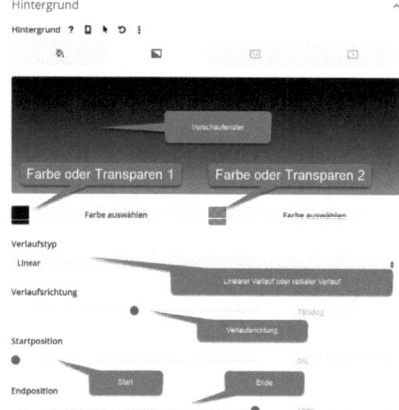

Das Hintergrundbild lässt sich wieder in zwei Bereiche teilen, mit bzw. ohne Parallax-Effekt. Der Parallax-Effekt klebt das Bild quasi fest und die Website scrollt darüber.

Das einfache Hintergrundbild sollte möglichst wie folgt eingestellt werden:
Cover, Zentriert, Keine Wiederholung, Normal.

Beim Parallax-Effekt gibt es auch wieder zwei Einstellmöglichkeiten:

* Echter Parallaxe
* CSS Standbild

Der „echte Parallaxe" verschiebt sich zögerlich während das CSS Standbild richtig fest steht.

Der Video-Hintergrund lädt direkt und führt somit zu einer längeren Ladezeit. Ich persönlich favorisiere diese Möglichkeit nicht, da ein Hintergrundvideo zu viel Unruhe in eine Seite bringt.

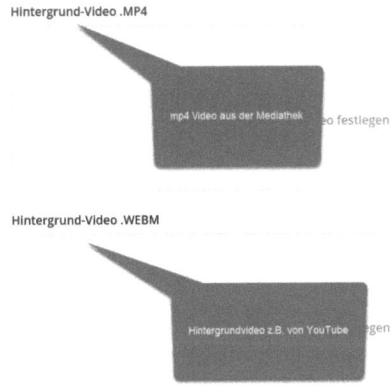

Design

Der Bereich Design ist ein erweiterter Bereich für
Webdesigner, die sich mit der grundlegenden The-
matik CSS grob beschäftigt haben. Einige Einstellungen sind jedoch so einfach, dass eine CSS Schulung
nicht notwendig ist. Hier ein paar der Bereiche:

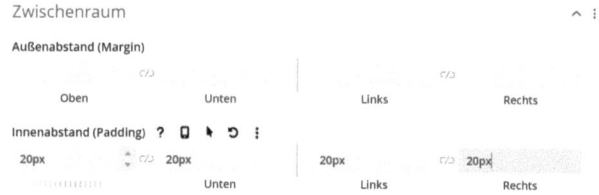

Zwischenraum:
Außenabstand (Margin) definiert den Abstand außerhalb des Objekts, zB. um ein Bild oder eine Textbox von einem anderen Objekt wegzurücken.
Innenabstand (Padding) definiert den Innenabstand,
also wie weit soll z.B. das Bild oder der Text vom Rand
entfernt sein. Ein praktisches Beispiel ist die Textbox
mit farbigem Hintergrund, bei der der Textblock 20-
30 px vom Rand entfernt steht.

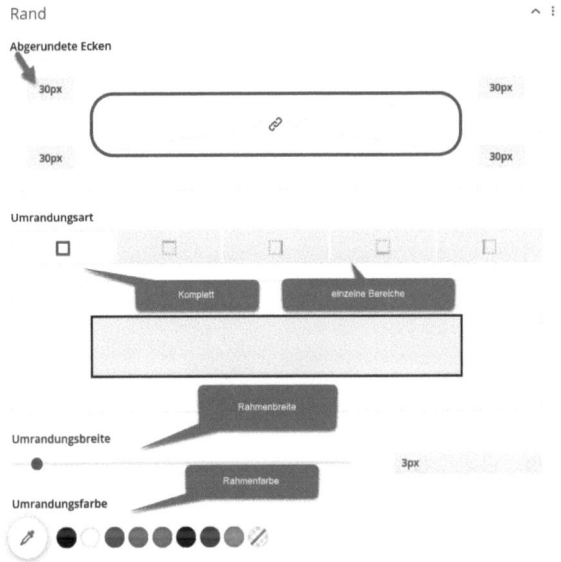

Rand:

Textboxen, Informationstexte usw. lassen sich mit einem Rahmen hervorheben. Diese Rahmen kann man komplett setzen oder partiell hervorheben. Zudem lassen sich die Ecken mit einem Radius abrunden. Auch Rahmenfarbe und Stärker sowie Umrandungsart (durchgehend, gepunktet, gestrichelt, geschwungen etc.) lassen sich einstellen.

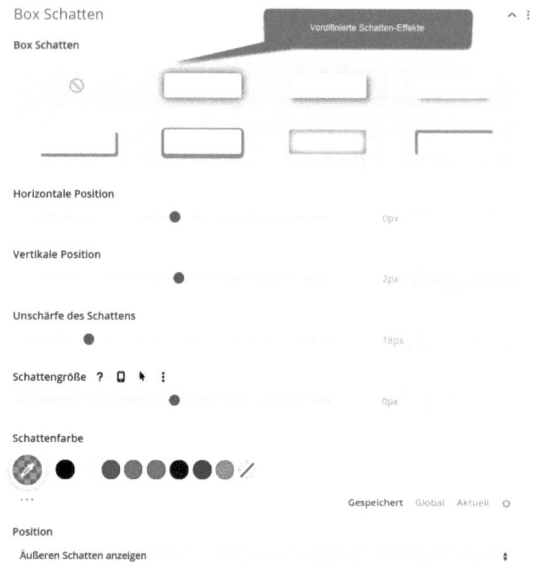

Box Schatten:
Es sind sieben vordefinierte Schatteneffekte mit diversen Einstellungsmöglichkeiten gegeben. Für jede Möglichkeit kann die Position, Farbe, Größe sowie die Unschärfe definiert werden.

Animation:
Nahezu alles lässt sich animieren. Hier ist Vorsicht geboten. Zu viele Animationen wirken unprofessionell und sehr unruhig / übertrieben. Partiell kann man so wichtige Textboxen hervorheben.
Auch hier gibt es voreingestellte Möglichkeiten, welche sich durch Schieberegler weiter verfeinern lassen.

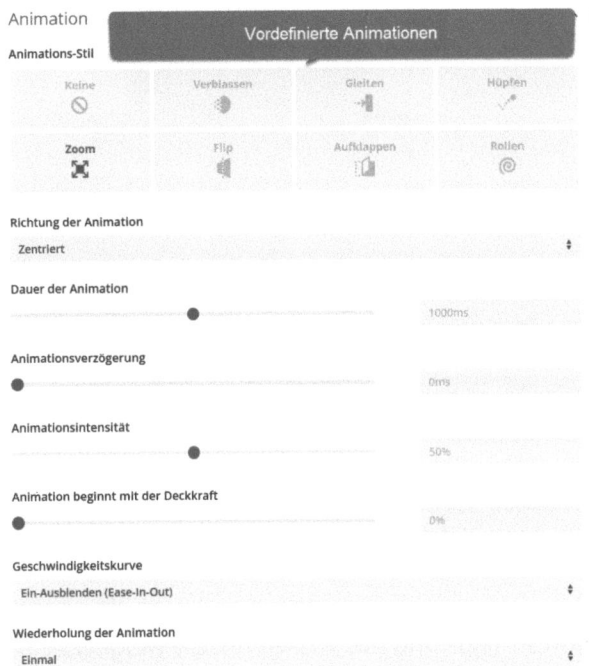

Erweitert

Dieser Bereich ist in der Regel den Webdesignern vor-
behalten, die sich mit CSS, Klassen und IDs auskennen. Die Anker-Möglichkeit (Verlinkung zu speziellen
Bereichen – Sprungmarken) ist eine Ausnahme und
sollte kurz beleuchtet werden. Mit diesen einzigartigen Marken kann man z.B. von einem Naviga-
tionspunkt aus an eine spezielle Stelle in der Website
springen. Eine bestimmte Zeile oder sogar ein Modul
können der Zielpunkt sein.

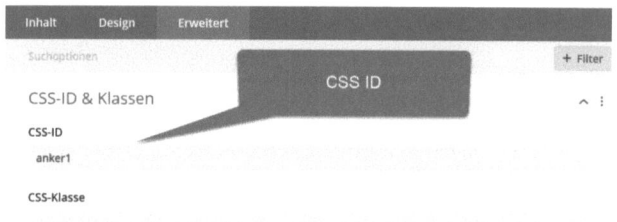

Setzt man den Anker innerhalb einer Seite, so kann man hier den Link "#anker1" wählen. Setzt man den Link auf eine andere Seite oder eine ganz andere Website, so sollte man den Link komplett ausschreiben: website.de/unterseite/#anker1.

**Moduleinstellungen,
mit dem wichtigsten Modul: Text**

Um wirklich eine gute Website zu erstellen ist das Modul "Text" und das Wissen um die Möglichkeiten dieses Moduls entscheidend.

Es ist sehr wichtig, die Texte für den Leser kurz und prägnant zu halten. Die Suchmaschine hingegen möchte viel Text mit einer bestimmten Anzahl der Keywords in Überschriften und Absatztexten. Die große Schwierigkeit besteht darin, diese beiden Anforderungen zu kombinieren.

Tipp: Vergessen Sie erst einmal die Suchmaschine. Schreiben Sie den Text wie Sie es sich vorstellen. Für die Startseite: Versuchen Sie, Überschriften kurz und markant zu halten. Die dazugehörigen Absatztexte sollten in wenigen einfachen Sätzen den Inhalt beschreiben. Ausführliche Beschreibungen sollten auf

Unterseiten plaziert werden. Diese können mit dem "Teaser" verlinkt werden.

Wenn alle Texte fertig formatiert sind, kann man immer noch die Keywort-Dichte prüfen und ggf. kleine Änderungen vornehmen.

Arbeiten Sie direkt im Browser, empfehle ich eine Browsererweiterung wie Grammatik- und Rechtschreibprüfung – LanguageTool. Nutzen Sie MS Word oder Open Office / Google Docs etc. Achten Sie beim Kopieren darauf, dass die Formatierung nicht mit kopiert wird.

languagetool.org/de

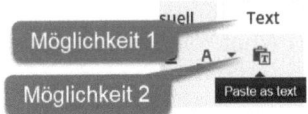

Da dies ein typischer Anfängerfehler ist und User oft sehr lange nach dem Fehler suchen, nutzen Sie bitte beim Einfügen von Texten aus Schreibprogrammen oder nach dem Kopieren von Texten aus dem Netz eine der beiden dargestellten Möglichkeiten.

Um festzustellen, dass Sie einen formatierten Text eingesetzt haben, schauen Sie einfach im Reiter "Text" (Möglichkeit 1) nach.

Formatierter Text sieht wie folgt aus:

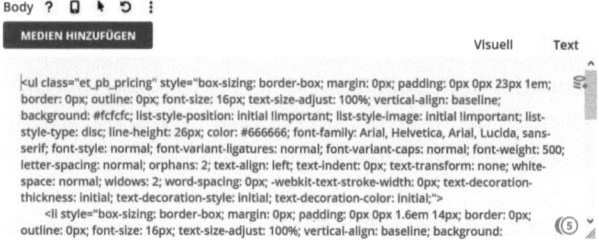

Texte ohne Formatierung sehen so aus:

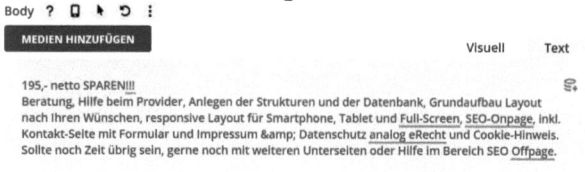

Die Grundbedienung des Text Moduls ist der WYSI-WYG Editor (What You See Is What You Get – Das was man setzt, ist grob das was man bekommt). Hier die Satzmöglichkeiten:

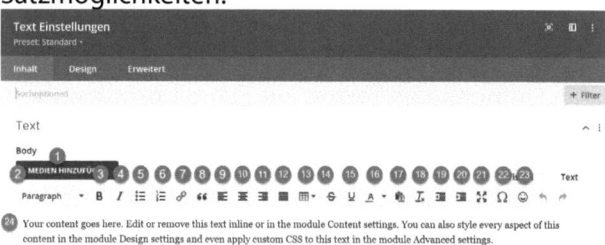

1. Sie können auch hier Medien hinzufügen. In der Regel sind das Bilder (JPG, PNG, GIF). Diese können Sie sogar in der Größe proportional verändern. Mit den Buttons 9,10,11 haben Sie die Möglichkeit, das Bild zentriert oder rechts- bzw. linksbündig in der Zeile zu verankern. **ACHTUNG:** Das Bild unterliegt

nicht der Programmierung des Themes. Dies bedeutet, es kann auf kleinen Endgeräten mit dem Text merkwürdig aussehen.

2. Paragraph: Ist der Absatztext, also der ganz normale Fließtext im Aufbau. Der Pfeil daneben gibt eine Auswahl der Überschriften. Jede Seite sollte nur EINE (HEADING 1))H1 Überschrift haben. Um eine Überschrift oder einen Ansatztext zu formatieren, gehen Sie einfach mit der Maus in die Zeile und klicken dann auf die Absatzmöglichkeit. **Achtung:** Alles, was zur Zeile dazugehört, wird auch mit formatiert. Hier ggf. das Ende der Zeile mit einem Enter bestätigen.

3. B für Bold: So hieß früher auch der HTML Befehl (heute „strong"), steht für Fett. Text mit Doppelklick oder gedrückter linker Maustaste halten und „B" klicken.

4. I für italic: (HTML = em) Kursiv. Wie unter "Bold" verfahren.

5. Aufzählung Punkt. Oft funktioniert das Kopieren aus Word etc. nicht. Sieht manchmal korrekt aus, ist es aber nicht. Eine Aufzählung in einer Website sollte unter dem Reiter Text wie folgt aussehen:

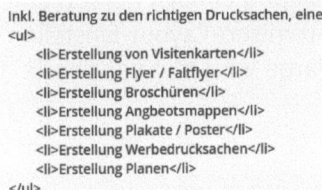

```
Inkl. Beratung zu den richtigen Drucksachen, eine
<ul>
    <li>Erstellung von Visitenkarten</li>
    <li>Erstellung Flyer / Faltflyer</li>
    <li>Erstellung Broschüren</li>
    <li>Erstellung Angbeotsmappen</li>
    <li>Erstellung Plakate / Poster</li>
    <li>Erstellung Werbedrucksachen</li>
    <li>Erstellung Planen</li>
</ul>
```

Im visuellen Editor geht das recht schnell ohne diese HTML-Auflistung. In der ersten Zeile den Button "Aufzählung" drücken, ans Ende des ersten Punkts gehen, durch die Taste "Entfernen" den nächsten Punkt in die gleiche Zeile holen und "Enter" drücken.

6. Aufzählung mit Zahlen (Siehe Punkt 5)

7. Verlinkung: Bild, Wort oder Satz markieren und auf den Button "Link" drücken. Oben die URL (also das Linkziel) eintragen. Bei Titel ggf. den Titel des Links eintragen (SEO und Hilfe bei Hover/ Mouse-over) und bei Target eintragen, ob sich der Link in einem neuen Fenster oder im gleichen Fenster öffnen soll. **Einfache Regel:** Alles von der eignen Seite, sollte sich im gleichen Fenster öffnen, alle anderen URLs in einem neuen Fenster.

8. Blockquote /Zitat: eine wunderbare grafische Möglichkeit, Texte schnell und einfach hervorzuheben. Die im Bereich Customizer/ Layout-Einstellungen festgelegte Akzentfarbe wird hier vor den Text als Balken gestellt.

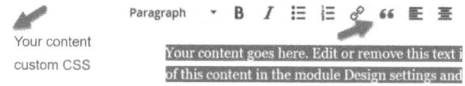

9. Flattersatz linksbündig: Standardeinstellung. Sollte in fast allen Bereichen auch so stehen bleiben.

10. Zentrierter Satz: Wird häufig für Überschriften genutzt.

11. Flattersatz rechtsbündig: Kann grafisch nützlich sein.

12. Blocksatz: Im Internet nicht zu empfehlen. Grund: HTML kennt keine Trennung (diese müsste per Hand im Text-Reiter (­) eingefügt werden). Textbereiche wirken auf kleinen Bildschirmen sehr unschön. Beispiel:

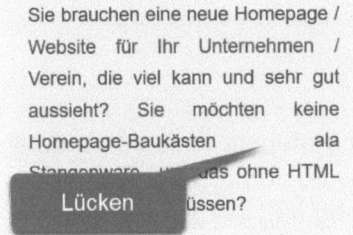

13. Tabelle: Ohne HTML-Kenntnisse mit Hilfe einer Rasterform. **Achtung:** Es ist dennoch schwierig, diese Tabelle in einer Textbox auf allen Bildschirmen ordentlich darzustellen. Dies gilt auch für Tabellen, die über Excel eingefügt werden. Diese Möglichkeit über Excel (Copy/ Paste im visuellen Editor) ist übrigens für viele ungeübte User der viel einfachere Weg.

14. Durchgestrichen: Nice to have… Bei alten Preisen nützlich, wenn daneben die neuen Preise viel günstiger stehen… oder um Fehler zu markieren…

15. Unterstrich: Manchmal nützlich. **Achtung:** Unterstriche markieren oft Verlinkungen. Diese sollte man aber besser über den Reiter "Design" für die komplette Box auswählen.

16. Textfarbe: Um in einem Fließtext ein Wort oder einen Satz farbig zu markieren. 40 vordefinierte Felder stehen zur Verfügung. Leider sind die vordefinierten Farben, die man in Divi festlegen kann nicht enthalten. Hier muss man über den Reiter "Text" die Farben manuell eintragen.

re. Edit or remove this ext inline or i
tyle="color: #0000ff;">settings</spar
module Design settings and even app
pse; width: 100%;" border="1">

17. Formatierten Text einfügen. Texte aus anderen Websites oder Textverarbeitungsprogrammen verlieren Ihre Formatierung und werden als reiner Absatztext eingefügt.

18. Formatierung bereinigen: Nimmt die meiste Formatierung heraus. Listen und Überschriften bleiben.

19. Eine Art Tab-Funktion: Schiebt einen Textbereich 40 px nach links

20. Tab-Funktion: Schiebt einen Textbereich 40 px nach rechts

21. Vergrößert den Bearbeitungsbereich.

22. Jede Menge Sonderzeichen wie Copyright, Register, Mittelpunkt usw.

23. Eine kleine Auswahl an Smileys

24. Textboxen haben in der Regel einen Beispieltext gesetzt. Diesen kann man einfach überschreiben.

Unter dem Textbereich folgt noch "Link", "Hintergrund" und "Admin Label":

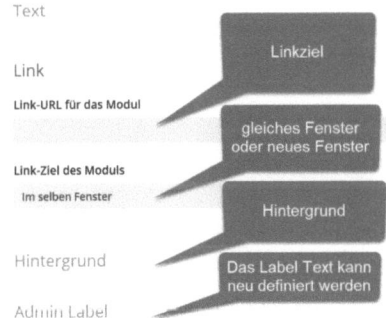

Unterm dem Reiter "Design" können viele Einstellungen zum kompletten Modul, Satz und Effekte vorgenommen werden, angefangen mit den kompletten Texteinstellungen für Absatztexte, gefolgt von den Überschriften H1 bis H6, die Größen-Einstellungen des Moduls, die schon erwähnten Zwischenräume, den Rand sowie den Schatten, Farbfilter und Transformationen / Animationen.

Design / Text

1. Bereich für die normalen Absatztext-Einstellungen. Hier kann man je Textbox die globalen Vorgaben ändern. Von der Schriftart (6) über die Schriftstärke (7), den Stiel (8 für Kursiv, 9 für Versalien/ alles in Großbuchstaben, 10 alles in Großbuchstaben bei dem die richtigen Großbuchstaben nochmal grö-

ßer sind, 11 alles unterstrichen, 12 alles durchgestrichen). Weiter darunter die Schriftfarbe (13) und
ganz WICHTIG: die Schriftgröße (14). Dann den Zeichenabstand (15) (schöner Effekt bei Überschriften)
und die Zeilenhöhe (16) (bei Überschriften kann
man so sehr gut den Zeilenabstand korrigieren). Der
Effekt Textschatten (17) eignet sich gut als grafische
Lösung bei sehr großen Textelementen. Die Text-
ausrichtung (18) empfehle ich hier einzustellen und
nicht im Reiter "Inhalt". **UND GANZ WICHTIG:** Textfarbe (19): Diese steht normal auf dunkel. Hat man
einen dunklen Hintergrund und stellt diese Einstellung auf hell, so sind alle Texte (auch die Überschriften) erst mal weiß.

2. Bereich für Links. Sollten Links eine andere Farbe
haben oder unterstrichen werden, sollte dies hier
eingestellt werden.

3. Bereich für die einfache Liste. Hier können Punkten, Quadrate oder Kreise eingestellt werden.

4. Bereich für die geordnete Liste

5. Bereich für Absätze mit Zitatbalken. Sehr schön
ist auch, dass man an dieser Stelle den Balken selbst
verändern kann.

Design / Überschriften

Der Aufbau erfolgt analog zu den "Einstellungen
Text". Oben wählt man zuerst die Überschrift aus.
Je Überschrift sind diverse Einstellungen möglich.
Unter "Zeilenhöhe" macht bei einer hohen Schrift-

größe ein Zeilenabstand (Zeilenhöhe) von 1.1 bis 1.2 em Sinn.

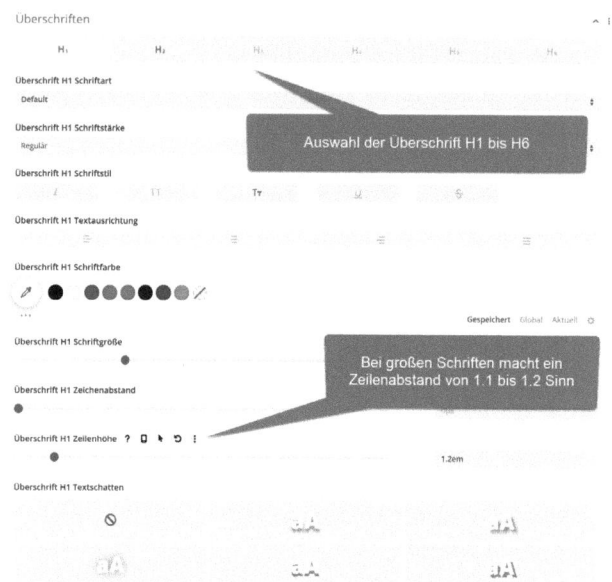

Design / Größe einstellen

Anfänger sollten alles so stehen lassen. Fortgeschrittene können hier Breite in Pixel oder Prozent eintragen und die Ausrichtung der Box einstellen.

Design / Zwischenraum

Im Unterkapitel Beispiel: „Aufbau Standard-Layout" finden Sie ein Beispiel. Hier werden die inneren Abstände (Padding) und die äußeren Abstände (Margin) festgelegt. Bei farbigen Textboxen, in denen der Text nicht direkt am Rand stehen sollte, kann man hier die Innenabstände pixelgenau einstellen.

Design / Rand

Von abgerundeten Ecken bis zu variablen Randli-
nien:„Hier werden Sie geholfen…"

Abgerundete Ecken sind eine schöne Spielerei, welche man im Bereich der Textboxen NICHT verwenden sollte. Je nach Ansicht könnte der Text im Frontend bei diversen Bildschirmgrößen verschwinden.
In Bild-Boxen dagegen ein schöne grafische Möglichkeit sich abzuheben. In der Grundeinstellung
werden alle vier Ecken gem. Pixeleintrag abgerun-
det. Mit der mittigen Klammer hebt man diese Ver-
knüpfung auf.

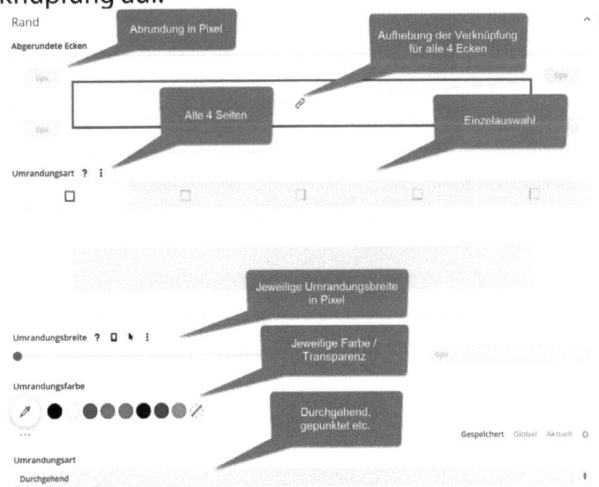

Die Umrandungsart legt ein bis drei Umrandungen
fest. Diese Umrandung bzw. Linie kann man farbig
auf eine bestimmte Pixelgröße einstellen sowie eine
der folgenden Randarten wählen:
• Durchgehend

- Gestrichelt
- Gepunktet
- Doppelt
- Geschwungen
- Kante
- Innen
- Außen

Achtung: Zu verspielte Effekte wirken oft unprofessionell.

Design / Boxschatten

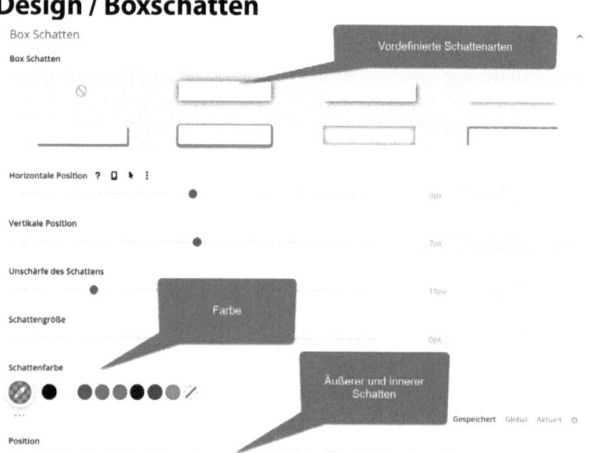

Schöne und leicht zu bedienende Spielerei, die auf Kundenwunsch, recht oft zum Einsatz kommt. Bei "Auswahl" erscheinen umfangreiche Optionen zur genauen Einstellung, inklusive der Möglichkeit , einen inneren Schatten darzustellen. Persönlich belasse ich meist alles in den Grundeinstellungen – Kunden rate ich, diese Möglichkeit einfach spielerisch auszutesten.

Design / Filter

Ist bei Bildern ggf. zu gebrauchen, ansonsten nicht zu empfehlen. Ich würde empfehlen, Bilder eher via Photoshop zu ändern und nicht mit dieser Methode. Wer kein entsprechendes Bildbearbeitungsprogramm besitzt, kann hier spielerisch das Aussehen verändern.

Design / Transformieren

Eine Spielerei, die grafisch bei Bildern und Texten zu Verzerrungen und merkwürdigen Positionierungen führen kann. Für künstlerische Seiten kann dies ein Hingucker sein. Ansonsten rate ich davon ab.

Design / Animation

Um einen Bereich (kompletten umliegenden Container, Zeile oder Modul) hervorzuheben, ist dies eine schöne Lösung, die nur partiell eingesetzt werden sollte. Auch hier gibt es vielen Möglichkeiten, die Grundeinstellungen sind aber schon ausgewogen. Der Effekt, z.B. beim Zoom, sieht folgendermaßen aus: Nach dem Laden der Seite scrollt man zum entsprechendem Bereich und einmalig vergrößert sich der gewählte Bereich (Container oder Modul) bis zur endgültigen Größe.

Moduleinstellungen Erweitert

Dieser Bereich obliegt den fortgeschrittenen Usern. Ein paar kleine Ausnahmen sollten jedoch erwähnt werden, da diese recht oft vorkommen.

Erweitert / CSS-ID und Klassen

CSS steht für Cascading Style Sheets. Mit Klassen und IDs kann man einzelne Bereiche oder Gruppen benennen, die man neu sortieren, verändern oder animieren kann.

Die Anker-Möglichkeit (einen Link so setzen, dass dieser Punkt von einer anderen Seite aus direkt angesteuert werden kann) sollte für alle Anwender (auch Anfänger) leicht durchzuführen sein.

Hier die Anleitung für diese Sprungmarken (Anchor):

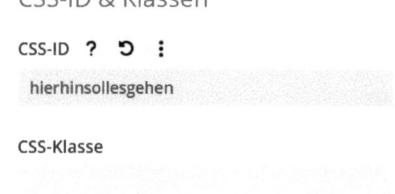

Das Ziel der Sprungmarke, der umliegende Container oder das Modul, mit dem Zahnrad / Einstellungen aufrufen. Im Bereich "Erweitert / CSS-ID Klassen" im ersten Feld unter CSS-ID einen einzigartigen Namen vergeben.

ACHTUNG: Keine Großbuchstaben, keine Umlaute und keine Leerzeichen verwenden. ZB. „123anker" oder „kontakt456" oder „hierhinsollesgehen".
Unten rechts speichern!

Wird der Anker auf der gleichen Seite verwendet, als Sprungmarke von einem Button zu einem weiter unten liegenden Bereich, so heißt das Ziel jetzt: Raute + Ankername, also zB. #hierhinsollesgehen

Soll der Anker global zB. über die Navigation oder von einer anderen Seite aus aufgerufen werden, so lautet der Name: URL+/#Ankername also zB. https://www.domain.de/unterseite/#hierhinsollesgehen

Diese Sprungmarken können nun in die Navigation, in Buttons oder auch einfach in Texte oder Bilder als Link eingefügt werden.

Erweitert / Benutzerdefinierte CSS

Wer sich wirklich für HTML und CSS interessiert, sollte einen Blick in die Bücher "Little Boxes" von Peter Müller werfen. Beide Bücher haben mir vor vielen Jahren geholfen, gut mit CSS umzugehen und sind sehr anschaulich erklärt.

Hier einige der häufigsten Befehle, die ich nutze:
* z-index: 999;
  (schieben sich Container falsch übereinander kann das helfen, die Reihenfolge festzulegen)
* opacity: 0.5;
  (Transparenz auf 50%, sollte es sich nicht über das Modul einstellen lassen)
* margin-right:30px !important;
  (überschreibt den rechten Abstand mit 30 Pixel)
* padding: 15px;
  (Innenabstand aller Seiten auf 15 Pixel setzen)

ACHTUNG: important; Überschreibt alle anderen CSS Prioritäten. Sollte ein CSS Befehle nicht funktionieren, einfach "important;" dahinter setzen.

- width:720px;
  (Breite erzwingen)
- height: 350px;
  (Höhe erzwingen)
- background: #8dbeb2;
  (Hintergrundfarbe einstellen)
- font-size:2em;
  (Schriftgröße festsetzen, zB. als Pixel (px)
  oder (em))

Oder, geben Sie in der Suchmaschine Folgendes ein: „divi most used custom css"

Erweitert / Sichtbarkeit

Manchmal ist es notwendig, auf Smartphones bestimmte Bereiche anders darzustellen. Beispiel: Auf großen Monitoren ist im Kopfbereich eine automatische Videosequenz zu sehen. Diese mp4 Datei hat eine Größe von 2 MB. Damit im mobilen Bereich diese 2 MB nicht geladen werden, wird das Video nur für Desktop und Tablet frei gegeben, und ein weiteres Modul, zB. ein Bild, wird an gleicher Stelle nur für Telefon freigegeben.

Erweitert / Übergänge

Animationen und Mouse Over Effekte haben eine bestimmte Animationsdauer. Diese ist grundsätzlich gut justiert und sollte so stehen bleiben. Hier kann diese aber auch individuell angepasst werden.

Erweitert / Arbeitsstelle

Dieser Bereich ist für
fortgeschrittene Anwender.
Objekte können eine relative,
absolute oder fixe Position einneh-
men, zB. eine seitliche, feststehende
Box mit einem Link zum Kontaktformular, der nur auf Smartphones

w3schools.com/css/css_positioning.asp

auftaucht. Dies könnte man über "Sichtbarkeit" und
"Arbeitsstelle" fix lösen. Eine sehr gute Erklärung zu
den Möglichkeiten gibt es z.B. in der w3school.com.

Erweitert / Scroll Effects

Persönlich mag ich kleine einfache Animationen, die
nicht wirklich stören. Diese einfachen horizontalen
bzw. vertikalen Scroll-Effekte sind sehr gelungen. Ins-
besondere nutze ich diese gern mit einfachen Linien
über das Modul "Teiler".

Zusätzliche Einstellungen,
die immer wieder auftauchen!

In vielen Bereichen und Moduleinstellungen gibt
es weitere nützliche Einstellmöglichkeiten. Diese
sind Hilfetext, Einstellungen für Desktop, Tablet und
Smartphone sowie die Hover-Funktionen.

Der Info- oder Hilfetext

Text Schriftgröße
Erhöhen oder verringern Sie den Text von Text.
Hilfetext: Übersetzung ist
gewöhnungsbedürftig...

gibt oft eine Erklärung, was sich hinter der Funktion

verbirgt. Die Übersetzung aus dem Englischen ist nicht immer gut gelungen.

Veränderte Einstellungen für die Bereiche Desktop, Tablet und Smartphone

Diese geniale Einstellungsmöglichkeit für sehr viele Bereiche, wie zB. Hintergrund oder Texte ermöglicht es, eine Überschrift auf einem großen Bildschirm mit 60px Textgröße, auf dem Tablet in 40px und auf dem Smartphone in 24px darzustellen.

Hintergrund ist, dass großer Text auf kleinen Smartphones mehrzeilig wäre bzw. ohne Trennung (html: ­) buchstaben separat trennen würde.
So könnte man auf den verschiedenen Auflösungen unterschiedliche Hintergründe oder Effekte darstellen.

Hover

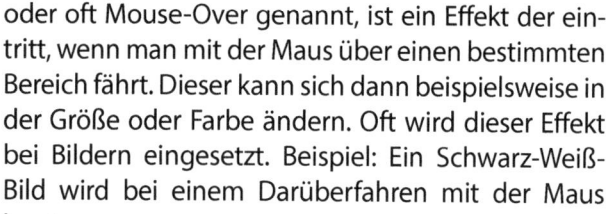

oder oft Mouse-Over genannt, ist ein Effekt der eintritt, wenn man mit der Maus über einen bestimmten Bereich fährt. Dieser kann sich dann beispielsweise in der Größe oder Farbe ändern. Oft wird dieser Effekt bei Bildern eingesetzt. Beispiel: Ein Schwarz-Weiß-Bild wird bei einem Darüberfahren mit der Maus bunt.

BEISPIEL:
AUFBAU STANDARD-LAYOUT

Es gibt Milliarden von Websites. Bestimmte Muster/ Standards finden sich immer wieder. Ein solches Standardlayout mit Bild oben, H1-Überschrift, vier Leistungen mit Bild und eine Bild-Firmenvorstellung werde ich näher beschreiben.

Das TOP-Bild mit Text im Vordergrund

1. Wählen Sie nach der Aktivierung des visuellen Builders den linken Kasten „NEU AUFBAUEN" aus.
2. Wählen Sie bei Zeile einfügen: Neue Zeile, ein großer Bereich
3. Wählen Sie "Modul einfügen", "neues Modul", "Text".
4. Setzen Sie im visuellen Texteditor Ihre Überschrift H1: Z.B. „Die Backstube: Ihre Bäckerei in Koblenz"
5. Lassen Sie den Cursor im Textfeld stehen und klicken Sie darüber auf den Pfeil neben „Paragraph", wählen Sie "Heading 1" aus (H1).

6. Klicken Sie unten rechts auf den grünen Haken zum Zwischenspeichern.
7. Beim Mouse-Hover (mit der Maus über den Text fahren) erscheint ein grüner Kasten. Hier gehen Sie auf das Zahnrad (Einstellungen)

8. Klicken Sie auf den zweituntersten Punkt "Hintergrund", dritter Reiter "Hintergrundbild" und mittig auf das Plus-Zeichen um ein Bild hochzuladen.

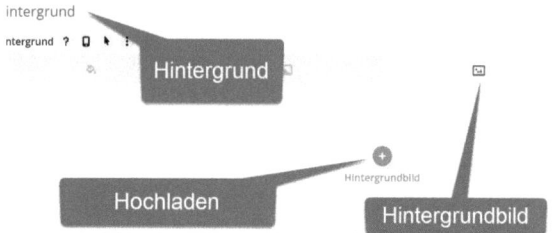

9. Anschließend gehen Sie auf Speichern, unten rechts.

10. Nun gehen Sie wieder auf den Text, grauer Kasten / Einstellungen, zweiter Reiter "Design",

Rubrik "Zwischenraum": An dieser Stelle wie im Screen-Shot, die Werte eintragen (80,80,leer,leer und 20,20,20,20).

11. Wechsel auf den Reiter "Inhalt /Hintergrund", unten weiß auswählen, in den mittleren Farbbereich klicken und den rechten Regler auf 75% schieben.

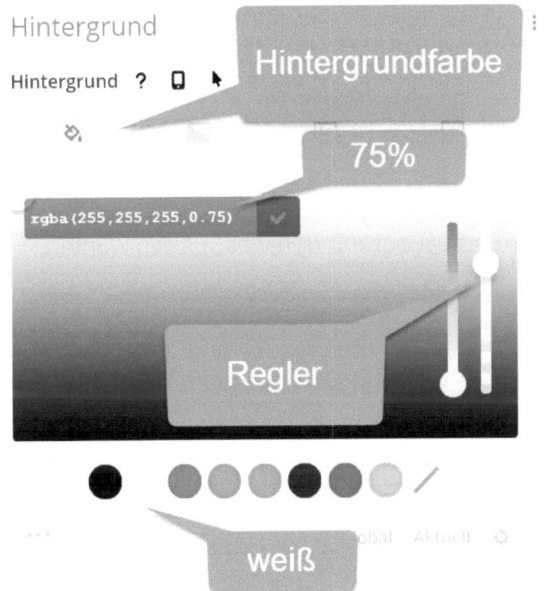

12. Unten rechts speichern.

Zwischenzeitlich immer wieder die Änderungen speichern! Unten den runden, lila Kreis mit den drei Punkten anklicken, ganz rechts auf Speichern klicken.

Darstellung Leistungen mit dem Modul "Informationstext" (eng. „Blub")

1. Im inneren grünen Container unten auf das "Plus" klicken (mit dem Mous-Over wird es sichttbar) – „Neue Zeile hinzufügen".

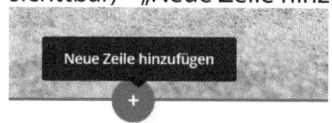

2. Das Layout mit den vier Spalten wählen.

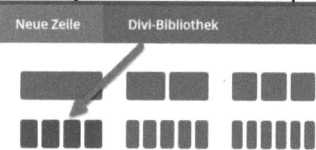

3. In der Modul-Auswahl das Modul "Informationstext" auswählen.

4. Titel, Body-Text eintragen und das zugehörige Bild hochladen (alternativ ein Icon auswählen).
5. Unter dem Reiter "Design/Animation", Bild/Icon-Animation auf "Keine Animation" klicken und unten rechts sichern. (Mit Animationen sollte man sparsam umgehen, zu viel wirkt unprofessionell.)
6. Diesen Vorgang für die restlichen drei Felder wiederholen.

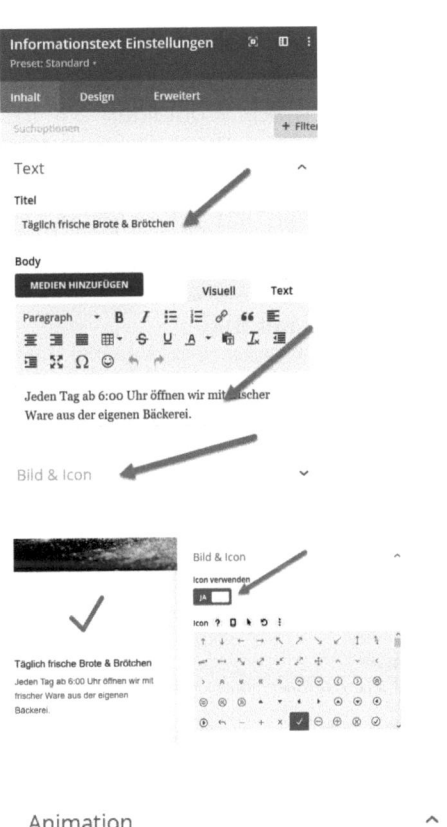

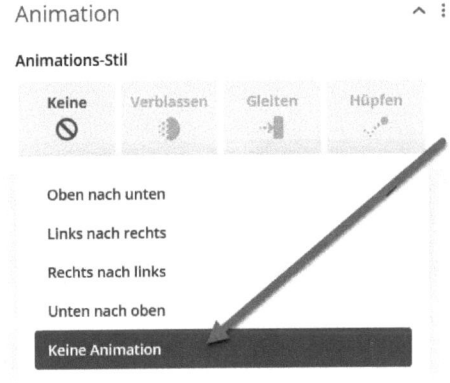

Anlegen einer horizontalen Linie

1. Wieder in der grünen Box (Container) auf das "Plus" klicken und eine neue Zeile mit einem Kasten hinzufügen.
2. Modul "Teiler" auswählen und ggf. im Reiter "Design" unter Linie die Farbe ändern.

Kurze Firmenvorstellung mit Bild

1. Grüne Box / "Plus" klicken und eine neue Zeile mit zwei Bereichen hinzufügen.
2. Bereich 1: Bild / Bereich 2: Text
3. Anschließend alles sichern!

So könnte eine professionell, einfach strukturierte Startseite aussehen. Der Aufbau hängt immer vom eigenem Geschmack, den Texten und Bildern sowie den Anforderungen im Bereich Suchmaschinen ab.

Aufbau der Unterseiten
Einheitliches Design

Haben Sie sich an die Vorgaben gehalten, können Sie die Hauptseite als Vorlage nutzen.

So können Sie vorgehen:
Nachdem Sie die Unterseite angelegt und in die Navigation eingebaut haben, besuchen Sie die Seite im Frontend und aktivieren dort den visuellen Builder.

Jetzt in der Auswahl auf „Bestehende Seite klonen" klicken und die Startseite aussuchen.

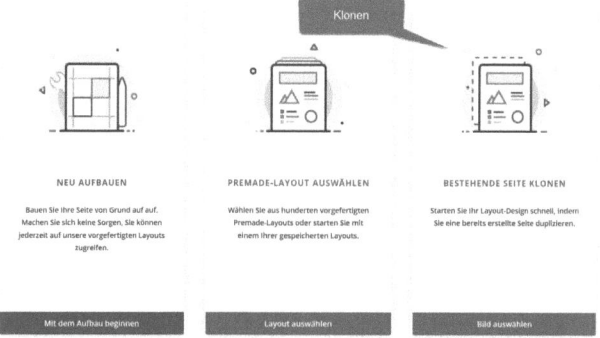

NEU AUFBAUEN

Bauen Sie Ihre Seite von Grund auf auf. Machen Sie sich keine Sorgen, Sie können jederzeit auf unsere vorgefertigten Layouts zugreifen.

PREMADE-LAYOUT AUSWÄHLEN

Wählen Sie aus hunderten vorgefertigten Premade-Layouts oder starten Sie mit einem Ihrer gespeicherten Layouts.

BESTEHENDE SEITE KLONEN

Starten Sie Ihr Layout-Design schnell, indem Sie eine bereits erstellte Seite duplizieren.

Mit dem Aufbau beginnen

Layout auswählen

Bild auswählen

Diese mit den Modulen soweit umbauen, bis es passt. So kann man mit jeder weiteren Seite oder Beitrag verfahren.

Eine andere Möglichkeit des Kopierens funktioniert über das Plugin "Yoast Duplicate Post".
Hier geht man so vor:
Vorhandene Seite im Backend duplizieren

de.wordpress.org/plugins/duplicate-post/

und anschließend folgende Felder abändern:

- Titel
- Permalink
- Ggf. Beitragsbild
- Ggf. Textauszug
- Ggf. Seitenatribute
- SEO-Einstellungen

Anschließend sichern und im Frontend die Änderungen / Anpassungen vornehmen.

DIE RECHTLICHEN SEITEN
DAS NOTWENDIGE ÜBEL

Gemeint sind an dieser Stelle die Unterseiten "Impressum" und "Datenschutz".

Muss das Impressum auf jede Website?
Ausschließlich private Websites die persönlichen oder familiären Zwecken dienten, benötigen kein Impressum. Alle anderen Websites müssen ein Impressum, leicht zugänglich, einbinden.

Was muss im Impressum stehen?
Minimal ausgedrückt: Name und Anschrift sowie Kontaktdaten des Betreibers sowie die Rechtsform des Unternehmens.

Wo sollte das Impressum stehen?
Leicht zugänglich, von allen Seiten erreichbar. Hier eignet sich der Footer bzw. das Footer-Menü hervorragend.

Wie erstelle ich ein rechtssicheres Impressum?
100% rechtssicher nur durch einen Rechtsanwalt, der sich auf eRecht spezialisiert hat. Persönlich nutze ich den Impressum-Generator in der Premium Version von eRecht24.

Es gibt einige Generatoren, welche verwendet werden können. Hier drei Generatoren, die in Deutschland häufig verwendet werden:

eRecht24

https://www.e-recht24.de/impressum-generator.html

ACHTUNG: Der Premium-Zugang verspricht ein dauerhaft rechtssicheres Impressum für aktuell 14,90 € / Monat. Für eine Agentur eine tolle Sache, für ein kleines Startup reicht, meines Erachtens, erstmal das einmalige, rechtssichere Impressum aus. Mit Infotexten wird man durch den Dschungel der benötigten Eintragungen geführt. Selbst eine englische Übersetzung wird geboten. Am Ende erhält man die Texte inkl. der HTML-Einbindungen für Websites. Den eRecht-Newsletter kann man problemlos wieder abbestellen.

JURAFORUM

https://www.juraforum.de/impressum-generator/

Ähnlich wie bei eRecht24 geben Sie in einer Maske alle benötigten Informationen zu Ihrem Unternehmen an. Auch hier erhalten Sie via Mail die Texte für Ihre Website. Die Werbemails / Infomails können leicht widerrufen werden. Ganz unten ist angegeben, dass die Nutzung auf eigene Gefahr erfolgt.

Impressum-Generator.de

https://www.impressum-generator.de/impressum-generator/

Nach der sehr einfachen und schnellen Erstellung wird man auf Folgendes hingewiesen: „Die Einbindung des von Impressum-Generator.de erstellten Website-Impressums erfolgt auf eigenes Risiko, jegliche Haftung ist ausgeschlossen." Die Texte, die man sofort erhält (auch als HTML-Einbindung), sind nahezu identisch mit den Texten der anderen Anbieter. Vorteil hier: Es muss keine eigene eMail versendet werden.

ACHTUNG:
Bei der kostenlosen Erstellung von einem Website-Impressum ist im unteren Bereich oft der Werbelink der jeweiligen Seite / des Anbieters enthalten. Ich empfehle diesen Link stehen zu lassen. Möchten Sie dies umgehen, sollten Sie zu einem kostenpflichtigen Generator wechseln bzw. einen Anwalt beauftragen.

Beispiel Impressum für eine/n Selbstständige/n
(ohne Gewähr, jegliche Haftung ist ausgeschlossen)

Impressum
Angaben gemäß § 5 TMG

Hans Mustermann
Hauptstrasse 111
12345 DSGVO-Stadt

Vertreten durch:
Hans Mustermann

Kontakt:
Telefon: 45678-01234567
E-Mail: info@musterdsgvo.de

Haftungsausschluss:

Haftung für Inhalte

Für die Richtigkeit, Vollständigkeit und Aktualität der Inhalte können wir keine Gewähr übernehmen. Als Dienstanbieter sind wir gemäß § 7 Abs.1 TMG für die eigenen Inhalte auf diesen Seiten nach den allgemeinen Gesetzen verantwortlich. Nach §§ 8 bis 10 TMG sind wir jedoch nicht verpflichtet, übermittelte oder gespeicherte fremde Informationen zu überwachen, die auf eine rechtswidrige Tätigkeit hinweisen. Verpflichtungen zur Entfernung oder Sperrung der Nutzung von Informationen nach den allgemeinen Gesetzen bleiben hiervon unberührt. Eine diesbezügliche Haftung ist jedoch erst ab dem Zeitpunkt der Kenntnis einer konkreten Rechtsverletzung möglich. Bei Bekanntwerden von entsprechenden Rechtsverletzungen werden wir die Inhalte umgehend entfernen.

Haftung für Links

Unser Angebot enthält Links zu externen Webseiten Dritter, auf deren Inhalte wir keinen Einfluss haben. Deshalb können wir für fremde Inhalte keine Gewähr übernehmen. Für die Inhalte der verlinkten Seiten ist der jeweilige Anbieter / Betreiber der Seiten verantwortlich.

Urheberrecht

Die durch die Seitenbetreiber erstellten Inhalte und Werke auf diesen Seiten unterliegen dem deutschen Urheberrecht. Die Vervielfältigung, Bearbeitung, Verbreitung und jede Art der Verwertung außerhalb der Grenzen des Urheberrechtes bedürfen der schriftlichen Zustimmung des Erstellers.

Datenschutz

Muss eine Datenschutz-Seite erstellt werden?

Sobald personenbezogene Daten verarbeitet werden, ja. Die gilt also für fast alle modernen Websites, ausgenommen private HTML-Seiten ohne Kontaktformular, Werbebanner, Analysetools etc.

Was ist der Inhalt der Datenschutz-Seite?

Das hängt von der jeweiligen Website ab. Werden Analyse-Tools verwendet, gibt es einen Datenschutzbeauftragten, sind YouTube-Videos eingebunden, wird ein Newsletter-System genutzt, steht ein Kontaktformular zur Verfügung etc. Da jede Website anders aufgebaut ist, WordPress in der Regel unterschiedliche Plug-Ins nutzt, die Cookies setzen usw. macht es Sinn, einen Fachmann bzw. Fachanwalt zu beauftragen. Website-Betreiber, die fit sind und sich in diesem Bereich gut auskennen, können an dieser Stelle Datenschutz-Generatoren verwenden.

Wo sollte der Link zur Datenschutz-Seite stehen?

Leicht zugänglich, wie das Impressum, am besten im Footer der Website.

Die Datenschutzerklärung vom Anwalt

Wichtig: nur ein Fachanwalt hat in der Regel die nötige Erfahrung, um eine Datenschutzerklärung zu erstellen. Hintergrund ist: Der Anwalt muss sich mit den jeweiligen Systemen auskennen und in der Lage sein, zu prüfen, welche Cookies gesetzt werden. Auch eine Kontrolle der Widerrufsmöglichkeiten bzw. des Austragens von Analysesystemen sollte der Anwalt kennen.

Aus eigener Erfahrung: Kunden legten mir Datenschutzerklärungen von Ihren Anwälten vor. Nach der Durchsicht war klar, dass diese Datenschutzerklärungen von den Anwälten kopiert und angepasst wurden. An zwei Stellen war der ursprüngliche Websitebetreiber genannt und auch die Bereiche zur Analyse, den Fonts und dem Formular waren fehlerhaft.

Ergo: Auch bei Anwälten findet man schwarze Schafe. Möchten Sie auf "Nummer Sicher" gehen, beauftragen Sie einen eRechtverifizierten Fachanwalt.

Datenschutz-Generatoren

activeMind

https://www.activemind.de/datenschutz/generatoren/datenschutzerklaerung/

Bei der Erstellung muss keine eMail-Adresse angegeben werden. Einige Fragen sind für Nichtfachleute schwierig zu beantworten. Am Ende erhält man einen Text wie auch eine HTML- Quellcode-Möglichkeit zum Einbinden.

SOS Datenschutz
Sehr guter
https://sos-recht.de/datenschutz/dsgvo-datenschutz-generator/

und einfach zu verstehender Datenschutz-Generator. Auch hier erhält man am Ende ohne seine eMail angeben zu müssen den Text wie auch die Datenschutzerklärung als HTML Code zum Einbinden in die Website.

eRecht24

Man muss seine eMail-Adresse angeben und erhält die Datenschutzerklärung anschließend via Mail. Vom Newsletter kann man sich leicht wieder abmelden. Die kostenlose Erklärung ist mit Einschränkungen für einige Bereiche nutzbar. Es gibt sehr gute Erklärungen zu den einzelnen Bereichen.

https://www.e-recht24.de/muster-datenschutzerklaerung.html

Tipp:

Startups / Gründer mit beschränktem Budget sollten nach der Erstellung (vor der Veröffentlichung) der Website, AGBs etc. die zuständige Kammer (zB. IHK) besuchen und alles prüfen lassen. Für künftige Mitglieder sind diese Leistungen häufig kostenlos.

COOKIES
WAS GEHÖRT WIRKLICH REIN?

Die Zeiten, in denen man HTML-Seiten erstellen konnte, ohne an die rechtlichen Begebenheiten zu denken, sind lange vorbei. Heute nutzen viele CM-Systeme wie WordPress mit vielen Plug-Ins und Möglichkeiten der Analyse. Oft werden sogenannte Cookies vom Browser gespeichert und auch weitergegeben.

Ursprünglich sollte das Surfen mit diesen Cookies unser Leben erleichtern. Sprache, Logindaten und Seiteneinstellungen wurden im Browser gespeichert, was ein erneutes Besuchen der Website vereinfachen sollte.

Marketing-Fachleute erkannten schnell den Nutzen und wollten auch an diese Daten gelangen. So werden heute oft Seitenbesuche u.v.m. an Suchmaschinendienste und Großunternehmen gesendet, um den User später mit individueller Werbung zu überfluten. Um das zu unterbinden, wurden EU-Gesetze verabschiedet. Besucher sollen vor der Weiterleitung Ihrer Daten, die Möglichkeit haben, selbst darüber zu entscheiden.

Hierfür wurden Cookie-Banner entwickelt. Kleine, oft unscheinbare Hinweise, welche man bestätigen kann, häufig auch große, sehr textlastige Pop-Ups mit vielen Kästchen und mehreren Wahlmöglichkeiten.

Nutzt die Website nur die für den Betrieb erforderlichen Cookies (bei Shops z.B. die Zwischenspeicherung von Waren), so reicht der Hinweis auf die Verwendung dieser notwendigen Cookies.

Alle anderen Cookies, die beispielsweise zur Analyse / Auswertung an Dritte weitergegeben werden, sollten in einem Cookie-Banner genannt werden, und man sollte als Besucher die Möglichkeit bekommen, diese zu deaktivieren.

Viele Websitebetreiber nutzen solche Tools, kennen aber die Hintergründe nicht und wissen auch nicht, wie man diese Cookies korrekt in ein Cookie-Banner einbindet.

Cookie-Banner (kostenlose Plug-Ins, ideal für notwendige Cookies)

GDPR Cookie Compliance

https://de.wordpress.org/plugins/gdpr-cookie-compliance/

Leicht zu installieren und zu aktivieren. Deutsche Texte vorhanden (in der Du-Form).

Cookie Notice & Compliance für GDPR

https://de.wordpress.org/plugins/cookie-notice/

Auch hier eine klare Empfehlung. Leicht zu handhaben und für einfache Websites ohne Trecking in der kostenlosen Variante zu installieren.

Cookie-Banner (kostenpflichtig, für Analyse / Auswertungen etc.)

Borlabs Cookie

https://de.borlabs.io/borlabs-cookie/

Nicht günstig mit 39,- € pro Jahr (Stand 2021), aber mit ein wenig Zeit zum Einlesen, hat man ein Banner für Analytics und Facebook Pixel etc. in ein bis zwei Stunden erstellt. Hierfür gibt es beim Anbieter und auch bei YouTube viele aktuelle Videos mit Anleitungen.

Usercentrics

https://usercentrics.com/de/

Wird oft positiv erwähnt. Die Installation/ Einrichtung ist nicht ganz so einfach wie Borlabs Cookie (eigene Erfahrung aus dem Jahr 2019). In der kleinsten Version kostenlos.

Hinweis: Jeder Websitebetreiber möchte gerne wissen, wie oft seine Seite besucht wird und wer diese besucht. Die meisten nutzen jedoch die Marketing-Möglichkeiten dahinter gar nicht. Ich empfehle allen, die auf Google Ads verzichten, auch auf Analytics zu verzichten und ein einfaches Cookie-Banner zu verwenden. Kunden sind

https://search.google.com/search-console

langfristig nicht genervt und es schont auch den Geldbeutel. Grobe Anhaltspunkte zur Website bietet auch die Google Search Console.

Wer hingegen die Marketingmöglichkeiten zu nutzen weiß (das sind nach meiner Erfahrung nicht viele…) oder Google Ads richtig nutzen möchte, kommt um ein erweitertes Cookie-Banner nicht herum.

BILDER

BILDGRÖSSE, SEO UND HILFSMITTEL

Stellen Sie sich vor, sie nutzen ein unkomprimiertes Bild direkt vom Smartphone mit 4 MB und verwenden dies auf Ihrer Website. Ein Besucher würde mit 4G bei mittelmäßigem Empfang ca. 30 Sekunden und länger warten, bis das Bild aufgebaut ist.

Natürlich stimmt dies nicht ganz… WordPress selbst verkleinert Bilder automatisch. Nur nicht so gut, wie es möglich wäre.

Um die Ladezeit so gering wie möglich zu halten, gibt es zwei Möglichkeiten: Passgenaue Bearbeitung in einem Bildbearbeitungsprogramm inkl. Qualitätsanpassung oder die Verwendung eines Plug-Ins, das die Aufgabe übernimmt.

Möglichkeit 1: Bildbearbeitung
Legen Sie die genaue Pixelgröße (Breite x Höhe) in Photoshop / Gimp etc. fest. Passen Sie das Bild dort ein. Speichern Sie es als jpg mit einer Qualitätsstufe zwischen 33% und 66%. (PNGs - transparente Bilder - können ohne Zusatzmöglichkeit nicht reduziert werden).

Qualitätsstufe 33% reicht in über 70% der Fälle aus. Das menschliche Auge erkennt keine großen Unterschiede zu einer besseren Qualitätsstufe (ausgenommen geschulte Besucher.) Die Speichergröße ist aber erheblich kleiner und somit wird ein solches Bild auch schneller geladen.

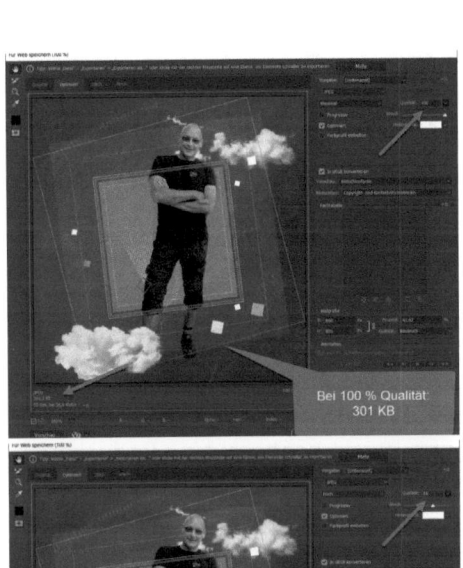

Bei 100 % Qualität:
301 KB

Bei 66 % Qualität
99,18 KB

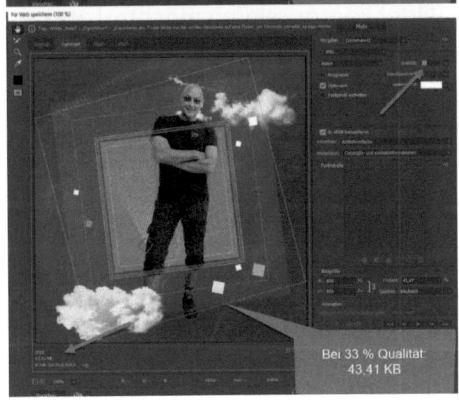

Bei 33 % Qualität:
43,41 KB

Möglichkeit 2: Plug-In / Online-Tool

Via Website tinypng.com können

https://tinypng.com/

täglich bis zu 20 Bilder komprimiert werden. Ohne Extrakosten! Bild hochladen, komprimierte Datei runterladen und verwenden. **Achtung:** Die Größe in Pixeln bleibt gleich. Das bedeutet, "tinypng" reduziert die Speichergröße (Qualität) z.B. von 1 MB auf 250 kb bei einer gleichzeitigen passgenauen Pixelgröße (Reduzierung z.B. von 2688x1520px auf 1000x565px mit Photoshop/ Gimp bringt nochmal eine Reduzierung auf ca. 50 kb).

Via Plug-In "ShortPixel" können

https://shortpixel.com/

kostenlos 100 Bilder / Monat komprimiert werden, auch PNGs und PDFs. Wie im Online-Tool ist auch hier die manuelle Anpassung immer besser, aber um schnell bis zu 75% herauszuholen, ist das Plug-In wirklich zu empfehlen. Die Handhabung ist sehr einfach und wer mehr Bilder komprimieren möchte, kann zB. einmalig 10 $ bezahlen und hat die Möglichkeit, bis zu 10.000 Bilder automatisiert zu komprimieren.

Achtung: Der Vorgang kann bei vielen Bildern eine Weile dauern…

Bilder SEO

Beim Thema SEO denken viele zu Recht an Betrüger. Das ist auch nicht von der Hand zu weisen. Wöchentlich bekomme ich unseriöse Angebote, meine Website für „wenig" Geld optimieren zu lassen.

Viele Maßnahmen sind jedoch recht einfach zu handhaben und daher hier ein kleiner Workaround für die Möglichkeit, Besucher durch Bilder auf die Website zu ziehen:

Hintergrund zu Bildern in der Googlesuche: Bereits direkt in der ersten Suchmaske werden die relevantesten Bilder zur Suche angezeigt, und über die mittlerweile sehr beliebte Bildersuche gibt es eine gute Möglichkeit, Bilder zu Keywords prominent zu platzieren.

1. Bei der Speicherung des Bildes (egal, ob direkte Änderung des Dateinamens oder via Bildbearbeitungsprogramm) am besten schon relevante Keywords mit Bezug auf das Bild als Bildname nutzen.
2. Je kleiner das Bild ist, um so kürzer ist die Ladezeit!!!
3. Nach dem Hochladen in WordPress "Titel" und "Alternativer Text" mit relevantem Inhalt füllen (siehe Beispiel)

Bilderformate

GIF

Wurde früher verwendet um freigestellte Bilder (Transparenter Hintergrund) zu verwenden. Wird heute noch für animierte kleine Grafiken verwendet. Bitte immer auf die Größe achten!

TIFF und BMP

Sind für Websites nicht geeignet.

WebP

Wird seit WordPress 5.8 unterstützt und kann Bilder nochmal um bis zu 25% bzgl. Speicherplatz komprimieren. **ACHTUNG:** Nicht alle Browser unterstützen WebP. (Stand Herbst 2021, muss bei Photoshop noch ein extra Plug-In installiert werden, um WebP Bilder zu lesen/speichern.)

PNG

Wird in der Regel als PNG24 verwendet und kann den Hintergrund transparent darstellen. **ACHTUNG:** Bilder sind in der Regel viel Größer als vergleichbare Bilder im JPG Format. Wird oft für das Favicon und das Logo verwendet. Auch kleine Piktogramme oder spezielle Hinweise werden oft in diesem Format eingebunden und können einfach auf farbige Hintergründe platziert werden.

JPG

Aktuell noch das am meisten verwendete Format. Hierbei handelt es sich um eine stark komprimierte Bilddatei, die schnell und einfach im Browser dargestellt werden kann.

EPS & AI

Diese Vektorbilder, können nicht im Web dargestellt werden. Spezielle Programme, wie Illustrator oder CorelDRAW, können diese Dateien lesen, bearbeiten und konvertieren.

PSD

Photo**S**hop-**D**ateien können nicht vom Browser gelesen werden. Mit Hilfe von Photoshop kann man diverse Bildformate erstellen.

PDF

Die meisten Browser können heute PDFs darstellen. Diese ersetzen jedoch keine Bilder von Websites, sondern können als Zusatz zum Download oder zur Direktdarstellung eingebunden werden.

TIPP: Auch PDFs können von Suchmaschinen gelesen und optimiert werden.

Bildrechte

Nutzen Sie, wenn irgend möglich, eigene Bilder! Alle Rechte liegen bei Ihnen und Sie sind auf der sicheren Seite.

Es gibt kostenlose Bildarchive wie Pixabay oder Unsplash, die mit gewerblicher Nutzung werben.
ACHTUNG: Hier kann jeder Bilder hochladen, diese werden zwar geprüft, aber eine Sicherheit, dass es sich nicht um gestohlene Bilder handelt, haben Sie nicht.

https://pixabay.com/de/

Stock-Bilder von Adobe, Shutterstock oder envato: Achten Sie nach dem Kauf auf die Platzierung des Urhebers, zB. als kleiner Text im Bild, in den Metadaten etc. Nicht jedes Bild darf verändert werden. Abmahnungen gibt es leider sehr häufig…

https://unsplash.com/

https://elements.envato.com/de/photos

https://stock.adobe.com/de/

https://www.shutterstock.com/de/

SUCHMASCHINENOPTIMIERUNG

FINALISIEREN DER WEBSITE

SEO ist KEIN Hexenwerk. Persönlich würde ich mich lediglich auf die Google Regeln einstellen, da in Deutschland diese Suchmaschine zu über 90% genutzt wird. Google selbst hat hierzu auch ein PDF veröffentlicht.

https://static.googleusercontent.com/media/www.google.de/de/de/intl/de/webmasters/docs/einfuehrung-in-suchma-schinenoptimierung.pdf

Folgende Vorgehensweise hat sich bewährt:
1. Keyword Analyse
2. Einbau der Keywords in den Texten
3. Einbau der Keywords in den Meta-Daten

Wie ermittle ich relevante Keywords oder Keywort-Gruppen?

"Google Trends" ist hier ein tolles kostenloses Werkzeug. Mann kann verschiedenen Wörter oder Wortgruppen gegenüberstellen und anhand der aktuellen Suchen miteinander vergleichen. Eine grafische Darstellung zeigt, welche Wörter häufiger gegoogelt werden.

https://trends.google.de/trends/?geo=DE

Alternativ gibt es zahlreiche kostenlose und kostenpflichtige Tools. Im kostenpflichtigen Bereich habe ich sehr gute Erfahrungen mit "XOVI" gemacht.

Hat man die richtigen Keywords gefunden (in der Regel sind das Leistungen oder Produkte, die man anbietet), sollten je Seite ein bis drei Keywords genutzt werden.

Eine lange Seite mit 20 DIN-A4-Seiten Text und 100 Keywords wird nicht so erfolgreich sein wie eine gute A4-Seite mit ein bis drei Keywords und relevantem Inhalt.

Einbau der Keywords in die Texte:
Jede Seite (Hauptseite oder Unterseite) sollte EINE H1 Überschrift haben. H1 steht für Header1 und dies ist die wichtigste Überschrift, die bei Google stärker gewertet wird als andere Überschriften. Die relevanten Keywords sollten einmal oben in der Seite auftauchen. Beispiel:
<h1>Die Bäckerei Backstube in Koblenz</h1>

In den folgenden Abschnitten sollten dann die Begriffe "Bäckerei, Backstube und Koblenz" möglichst noch vier bis sieben Mal auftauchen. Dies kann in den Überschriften H2 bis H6 oder in Absatztexten geschehen.

Tipp: Bitte versuchen Sie nicht, krampfhaft Texte nach diesen Regeln zu erstellen. Eine liebevolle, authentische Beschreibung, in der die Wörter nur dreimal vorkommen, kann besser sein, als ein krampfhaft auf Regeln zusammengestellter „Textmurks". In manchen Branchen begrüßt man Besucher immer noch gerne mit einem „Willkommen". Das ist okey, aber bitte nicht als H1-Überschrift. Hier kann man ein "Willkommen" auch als Absatztext in 60px darstellen und die Hauptüberschriften kleiner darunter setzen.

Versuchen Sie, die Texte selbst zu schreiben. Viele Kunden glauben immer noch, Texte kann man sich von anderen Websites „borgen". NEIN. Texte unterliegen auch dem Urheberrecht. „Stehlen" und umschreiben funktioniert in der Regel, sollte aber wirklich keine Ähnlichkeit mehr mit dem Ursprungstext haben. Zudem kommt es bei gleichen Texten, die auf verschiedenen Seiten veröffentlicht wurden, zum sogenannten Duplicate Content, also doppelter Inhalt. Bei gleichen Inhalten weiß Google als Suchmaschine natürlich nicht, welche URL jetzt angezeigt werden soll. Dies führt oft zu Abwertungen. Haben Sie gleiche Inhalte auf unterschiedlichen Seiten der eigenen Domain, kann man mit dem "Canonical-Tag" arbeiten. Auch hier: Nicht zu ernst nehmen, auch wenn SEO Firmen damit gerne Angst verbreiten…

Meta-Daten
Das Plug-In "Yoast SEO" in der kostenlosen Version hilft ungemein. Für die meisten Unternehmen reicht diese Version aus. Marketingexperten, die kontinuierlich eine Website optimieren, werden mit der Premium Version mehr Spaß haben.

Nach der Installation erscheint im Backend auf jeder Seite / jedem Beitrag unten der Bereich von Yoast SEO. Hier den "Titel Tag" eintragen (SEO relevant) und ruhig der grafischen Darstellung bezüglich der Länge Glauben schenken, zB. „Bäckerei Koblenz | Die Backstube" oder Unterseite „Vollkornbrötchen in Koblenz: Gesundes vom Bäcker".

Darunter einen „Anmachtext" auch mit der ca. Länge, welche das System als „grün" darstellt, zB: „Die Bäckerei Backstube in Koblenz/ Sowiesoplatz öffnet ab 6 Uhr. Frische Qualitäts-Brote, Brötchen & mehr zu günstigen Preisen."

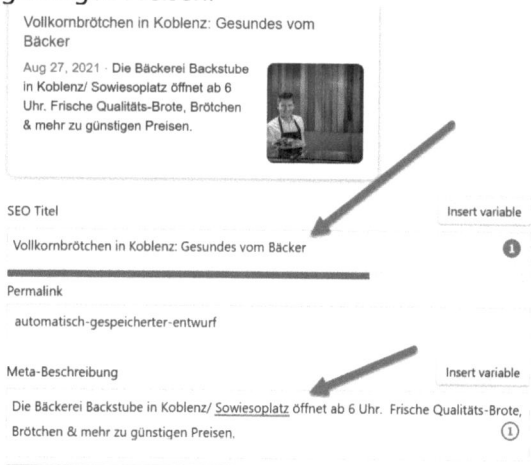

Unter "Erweitert" haben Sie die Möglichkeit, nicht relevante Seiten (die nicht zum Thema passen) auszuschließen, zB Impressum und Datenschutz.

Bei Beiträgen oder wichtigen Seiten, die gerne in den sozialen Netzwerken verbreitet werden, sollte noch ein angemessenes Bild als Beitragsbild hochgeladen werden (Standardeinstellung Backend, rechte Seite). Das Auge isst mit…

Tipp: Kein Externer kennt das Unternehmen / die Produkte so gut wie der Chef oder die langjährigen Mitarbeiter. Gute Texte können, meiner Meinung nach, nur in Zusammenarbeit erstellt werden.

REGISTRIEREN DER WEBSITE

UM IN DER SUCHMASCHINE GEFUNDEN ZU WERDEN

Früher als "Webmaster-Tool" https://search.google.com/search-console
bekannt, heute heißt es
Google Search Console.

Nach der Veröffentlichung der Website registrieren Sie sich in der Google Search Console über den Button "Property hinzufügen".

Am schnellsten funktioniert es bei der Auswahl "Domain" bzw. "URL Präfix" mit der rechten Auswahl "URL Präfix". Schnell und unkompliziert können Sie dies wie folgt durchführen:

*   Nach "Property" hinzufügen den rechten Kasten "URL Präfix" wählen
*   Bei der "Inhaberschaft" die Möglichkeit "HTML Tag" wählen
*   Die "Code Zeile" kopieren und im Divi-Bereich unter "Divi-Theme-Optionen/ Integration/ Head" einfügen
*   Divi sichern und auf der Google Search Console bestätigen.

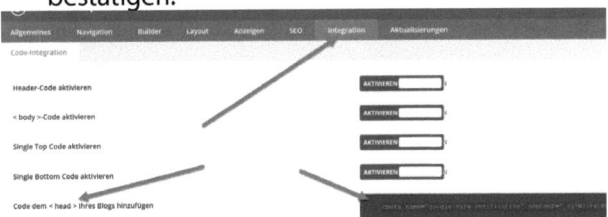

Nach ca. einem Tag können Sie hier erste Ergebnisse sehen und die Anzahl der Seitenbesuche prüfen. Das Tool ist kein Ersatz für Google Analytics, aber für die Registrierung und eine grobe Prüfung der Leistungen / Fehler / Zugriffe kann ich es empfehlen.

Verifizieren der Website

Besseres Ranking

Im Netz waren 2021 ca. 1,83 Milliarden Websites registriert, die um die oberen Plätze buhlen. Fast jedes Unternehmen möchte seine Website mit den Leis-

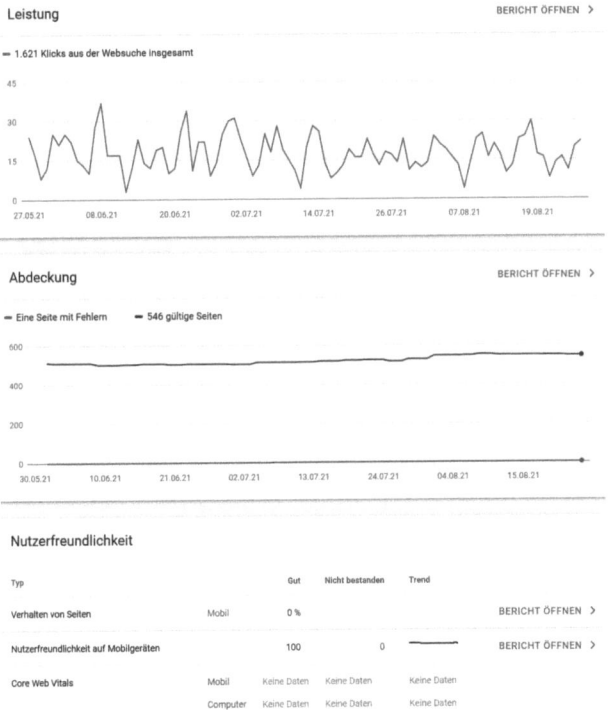

tungen und Produkten gern ganz oben bei den Suchergebnissen sehen. Um hier bessere Ergebnisse zu erzielen, gibt es eine ganze Reihe von Maßnahmen.

Eine dieser Maßnahmen ist, Google zu zeigen, dass

Ihre Website / Ihr Unternehmen echt ist. Hier helfen Social-Media-Kanäle und Brachenbücher, angefangen mit Google Business.

Firmenangaben und Verweise auf Ihre Website führen zu besseren Ergebnissen beim Google Ranking.

Auch hier gibt es zwei Möglichkeiten:
1. Erstellen lassen und bezahlen.
2. Selbst erstellen und Geld sparen.

Brachenbucheinträge erstellen lassen

Bei der ersten Möglichkeit https://www.ionos.de/marketing/list-local kann man die Brachenbuch-einträge, zB. über IONOS ListLocal durchführen lassen. Die hinterlegten Firmeninformationen werden hier in ca. 35 Branchenbücher eingetragen und es erfolgt auch eine Verknüp-fung zu Facebook und Google Business. Die Daten werden täglich abgeglichen mit den von Ihnen hinterlegten Daten. Haben Sie, zB. neue Öffnungszeiten, so reicht es aus, diese hier einmal einzutragen. Der kleine Vertrag zu 20 € im Monat ist in den meisten Fällen ausreichend.

Eine andere Firma, die https://unternehmen.11880.com/werbe-eintrag eine solche Dienstleistung anbietet, ist die 11880.com Hier kommt zusätzlich noch eine Bewertungsplattform sowie das dazugehörige Siegel hinzu. Der Bronze-Vertrag reicht in den meisten Fällen aus. **ACHTUNG:** Der Preis von 720,- €/ Jahr ist verhandelbar. Aus eigener Erfahrung weiß ich, dass ein Rabatt (Nachlass) von 50% möglich ist.

Branchenbucheinträge selbst erstellen

Die wichtigsten Einträge sind: Google Business, Facebook, Instagram, Bing, 11880 (**Achtung**: Hier wird man anschließend oft angerufen und angemailt mit dem Hintergrund einen Vertrag abzuschließen), YellowMap, Stadtbrachenbuch, Öffnungszeitenbuch, GoLocal, etc. …

So gehen Sie am besten vor:

1. Erstellen Sie ein Textdokument mit dem Namen der Firma (ohne GmbH etc.) mit ein bis zwei der wichtigsten Keywords, zB. „Mustermann | Schuhgeschäft Koblenz".
2. Verfassen Sie einen Teasertext ca. 250-350 Zeichen über die Firma, Leistungen, Produkte, etc.
3. Öffnungszeiten
4. Kontaktdaten (Mail / Telefon)
5. Website
6. Erstellen Sie vorab drei bis zehn Bilder. Ein Logo in einem Quadrat (wenn möglich in 500x500px), ein Logo Rechteckig (wenn möglich ca. 1000x300px) sowie einige gute Firmenbilder / Produkte
7. Der wichtigste Eintrag ist Google Business! Hierzu müssen Sie einen Google-Account besitzen. Alle Android-Nutzer sollten einen solchen Account haben. Es lässt sich sehr schnell ein neuer Account erstellen. Sind Sie eingeloggt, können Sie oben rechts über die neun Punkte Google

https://accounts.google.com/signup/v2

Business auswählen, die Firma mit obigen Angaben eintragen und Bilder hochladen. In der Regel wird Ihnen anschließend eine Postkarte zugesendet, die nach vier Tagen ankommen sollte. Ist nach fünf Tagen noch keine Postkarte angekommen, einfach neu beantragen (kommt oft vor).

8. Bei den anderen Brachenbüchern analog verfahren.

Achtung: Es ist wichtig, dass alle Angaben immer identisch eingetragen werden.

Sonderfall Facebook: Um ein Facebook Firmenprofil zu erstellen, muss vorher ein Privatprofil existieren, auf dem das Firmenprofil aufgesetzt wird.

Zeitaufwand 8-16 Stunden. Kein Scherz… Per Hand 20-25 Branchenbuch-Einträge zu erstellen, ist echte Fleißarbeit mit einer ganzen Menge Sucherei…

DIE WEBSITE BEKANNT MACHEN
SOCIAL MEDIA

Wer nun glaubt, am nächsten Morgen stehen die Kunden Schlange, täuscht sich. Um bei Google und Konsorten ganz nach oben zu gelangen, ist viel mehr Arbeit notwendig.

Es kommt auf den Content (Inhalt) an. Durch viele interessante und relevante Seiten/ Beiträge mit aktuellen Inhalten zieht man Besucher an. Je mehr Besucher, desto besser wird Google die Website platzieren (organische Suche = Platzierung ohne extra Kosten). Und an dieser Stelle kommen die Möglichkeiten von Google Business, Xing, LinkedIn und Facebook ins Spiel.

Wie kann man vorgehen?
Ein Weg, der aus meiner Erfahrung gut funktioniert , ist folgender:
1. Schreiben Sie einen eigenen Beitrag, der für Besucher, Interessenten etc. hilfreich ist. Beispielsweise einen Trick aus Ihrem Geschäftsfeld, der weiterhilft, ein Statement zu einem aktuellen Thema aus Politik, Wirtschaft oder Gesundheit …
2. Vergeben Sie zu diesem Text eine aussagekräftige Überschrift
3. Erstellen Sie ein abmahn-sicheres Bild, das Interesse weckt.
4. Erstellen Sie mit den Texten und dem Bild einen Beitrag auf Ihrer Website (Yoast SEO nicht vergessen).

5. Den Link des neuen Beitrags können Sie nun sehr einfach über Ihre Social-Media-Kanäle teilen, zB . Facebook-Firmenseite öffnen, neuen Beitrag anklicken und Link reinkopieren. Beitrag-Teaser + Bild werden dort angezeigt und bei einem Klick auf den FB-Beitrag gelangt ein Besucher direkt auf die entsprechende Unterseite.
6. Gleiches Gilt für Xing und LinkedIn.
7. Bei Google Business müssen Sie den Text einzeln kopieren, das Bild separat hochladen und den Link in einen extra Bereich einsetzen.
8. Suchen Sie den Kontakt zu Interessenten und versuchen Sie, eine Diskussion zu eröffnen.

Natürlich hilft gerade am Anfang auch bezahlte Werbung in Form von Google Ads oder Facebook-Kombi- Anzeigen.

Info: FB-Kombi-Anzeigen setzen individuelle Anzeigen zielpersonengerecht in Facebook, Instagram und künftig wohl auch in WhatsApp. YouTube-Beiträge (Stichwort Influencer) sind ein weiteres sehr gutes Marketing-Tool, welches allerdings ein wenig Extrovertiertheit und eine gute Ausstattung voraussetzt…

Was fehlt noch?
Gedruckte Werbung / Videos/Letters

Sie haben sich gerade erst selbstständig gemacht? Dann lesen Sie weiter:

Unternehmen benötigen in der Regel eine gewisse Grundausrüstung. Dazu gehören Visitenkarten (vielleicht mit einem QR-Code), Flyer (branchenabhängig mal mehr, mal weniger zu empfehlen), Briefpapier (alternativ Kopf- und Fußbereich ihrer Korrespondenzen in Ihrem Text-Programm einbinden), Stempel, Firmenschild etc.
Seitlich zwei günstige Online-Druckereien, die ich empfehlen kann.

https://www.wir-machen-druck.de/

https://www.stempel-fabrik.de/

Wichtig: Je höher die Auflage, desto geringer der Stückpreis. Bei den Online-Druckereien können Sie sehr gut die Preise vergleichen. Die Druckdaten müssen in der Regel als gut vorbereitete X3 PDF hochgeladen werden. Ein Programm das dies sehr gut kann, ist zB. InDesign von Adobe (kostenpflichtig) oder die Open Source Software "Scribus". Anfängern rate ich, die Druckdaten

https://www.adobe.com/de/products/indesign.html

https://www.scribus.net/

vom Profi erstellen zu lassen, da diese Programme eine Menge an Vorwissen voraussetzen.

Auch Videos sind eine sehr gute Werbemöglichkeit.
https://www.renderforest.com/de/

"Adobe After Effects" gekoppelt mit "Premiere Pro" ist ein echtes Profi-Tool, aber nicht günstig. Anfänger mit schmalem Budget können sich bei "Renderforest" günstige Videos selbst erstellen. Die Online-
https://www.techsmith.de/camtasia.html

Software ist leicht zu bedienen und die Ergebnisse sind absolut marketingtauglich. Für Video-Anleitungen mit Musik/Ton und Bildschirmaufnahmen eignet sich "Camtasia" hervorragend. Durch die vielen Anleitungen auf deren Website ist es sehr einfach, gute Filme zu erstellen.

Als Plattform empfehle ich YouTube. Über das eigene Google-Konto kann ein YouTube-Konto erstellt werden.

Eine weitere sehr effektive Marketingmaßnahme sind die "Direct-Mailing Systeme". Entweder als Newsletter über, zB. Rapidmail (sehr leicht zu bedienen und rechtskonform), oder einen Service der Briefe digital druckt, automatisiert adressiert und günstig versendet, wie DMS (hier gibt es auch Datenbanken mit Adressen, die man kaufen kann: Stand 2021) oder WMD (Wir-machen-Druck).

https://www.rapidmail.de/

Zusatz: Viele Unternehmen / Startups, die ich betreue, arbeiten noch mit Word um Rechnungen zu schreiben, bzw. Excel um die Kunden zu verwalten. Rechnungen müssen unveränderbar sein,… jedenfalls theoretisch (denn PDFs lassen sich auch sehr einfach manipulieren.).

https://www.buhl.de/buero/

Hier ist Word gem. Rechtslage das falsche Tool. Ggf. kann man seine Worddatei noch in ein PDF konvertieren und gesondert ablegen. Alternativ empfehle ich "WISO Mein Büro S" oder "FastBill". Beide Systeme sind leicht einsetzbar und rechtssicher gem. eigenen Angaben.

https://www.fastbill.com/

WIE GEHT ES WEITER?

Geduld! Akquise, SEO, Kundenbewertungen etc. Das alles braucht seine Zeit.

Benötigen Sie Hilfe, übernehme ich gern Aufträge in den Bereichen Webdesign, Drucksachenerstellung oder Schulungen.

HTML Hilfen
Für den HTML- Text Bereich

Manchmal sieht man Fehler in visuellen Text-Editor und rätselt woher diese kommen. Hier hilft oft ein Blick in den HTML-Textbereich daneben.

Reiner Absatztext steht ähnlich da wie im visuellen Editor. Hat man jedoch Texte angepasst oder Texte aus anderen Quellen reinkopiert sind oft Bereiche mit <> solchen Klammern versehen.

Geänderte Bereiche fangen meistens mit einer <> offenen Klammer an und enden mit einer schließen- den Klammer </>.

ZB.: Um „Hallo" fett erscheinen zu lassen würde im HTML-Text Bereich stehen <strong>Hallo</strong>

Hier die häufigsten Befehle, um im Editor noch bes- ser arbeiten zu können:

- **<H1> </H1> bis <H6> </H6>**
  Hauptüberschrift und die folgenden kleineren Überschriften
- **<p> </p>**
  Absatztext oder „normaler" Text
- **
** (ohne die schließende Klammer)
  Erzwungener Zeilenumbruch
- **<hr>** (ohne die schließende Klammer)
  horizontale Linie

- **<b> </b> bzw. <strong> </strong>**
  die eingeklammerte Schrift erscheint fett
- **<i> </i> bzw. <em> </em>**
  die eingeklammerte Schrift wird
  kursiv dargestellt
- **<u> </u>**
  die eingeklammerte Schrift wird
  unterstrichen dargestellt
- ****
  (funktioniert nicht bei allen Schriften)
  die eingeklammerte Schrift wird hochgestellt
- **<small> </small>**
  Stellt Schrift kleiner dar
- **<blockquote> </blockquote>**
  Zitatzeichen: bei Divi der linke vertikale Strich

- **­** (zB. Schiff­bruch)
  HTML kennt keine Trennregeln. Hiermit kann
  man die "Sollbruchstelle" markieren

- **<span style="...."> </span>**
  "background-color:#xxxxxx;" (Hintergrundfarbe)
  "color:#xxxxxx;" (Textfarbe)
  "text-decoration: underline;" (Unterstreichen)
  "font-size:6pt" (Schriftgröße)
  "font-size:xx-small" (Schriftgröße bis xx-large)
  "font-family:'Times New Roman',Times,serif"
  (Schriftfamilie)

Für den Linkbereich bei WordPress
- **mailto:**name@name.de
  Mailadressen als Link einfügen
- **tel:**+49123456789
  Anklickbare Telefonnummern

Lieblingsspruch:

"Der liebe Gott weiß alles -
die Nachbarschaft noch mehr!"